ECM – Enterprise Content Management

Wolfgang Riggert

ECM – Enterprise Content Management

Konzepte und Techniken rund um Dokumente

2., vollständig überarbeitete Auflage

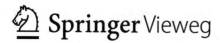

Wolfgang Riggert
FB Wirtschaft
HS Flensburg
Flensburg, Deutschland

Ergänzendes Material zu diesem Buch finden Sie auf https://www.springer.com

ISBN 978-3-658-25922-8   ISBN 978-3-658-25923-5 (eBook)
https://doi.org/10.1007/978-3-658-25923-5

Die Deutsche Nationalbibliothek verzeichnet diese Publikation in der Deutschen Nationalbibliografie; detaillierte bibliografische Daten sind im Internet über http://dnb.d-nb.de abrufbar.

Springer Vieweg
© Springer Fachmedien Wiesbaden GmbH, ein Teil von Springer Nature 2009, 2019

Springer Vieweg ist ein Imprint der eingetragenen Gesellschaft Springer Fachmedien Wiesbaden GmbH und ist ein Teil von Springer Nature.
Die Anschrift der Gesellschaft ist: Abraham-Lincoln-Str. 46, 65189 Wiesbaden, Germany

Vorwort

Das Thema „digitale Transformation" oder „Digitalisierung" von Wirtschaft und Gesell-schaft ist heute allgegenwärtig. Damit Unternehmen wettbewerbsfähig bleiben, verändern sie mittels Digitalisierung ihre Geschäftsprozesse, ihre Produkte oder ihre Geschäftsmo-delle.

Im Zuge dieses Vorgehens entstehen zahlreiche digitale Inhalte („Daten"), wobei der Schwerpunkt dieser Inhalte ursprünglich im Bereich strukturierter Daten lag, wie z. B. Bu-chungsdatensätze im ERP-System. In den vergangenen zwei Jahrzehnten hat die Digitali-sierung jedoch verstärkt den Bereich der weniger strukturierten Daten (z. B. Verträge, Korrespondenz) und Mediendateien (z. B. Grafiken, Fotos, Filme) erschlossen. Dieser Trend hat sich in der vergangenen Dekade durch das Internet in Verbindung mit mobilen Endgeräten wie Laptops, Tablets und Smartphones dramatisch beschleunigt.

Informationen zusammenführen, verdichten und nutzen ist das Motto vieler Anstren-gungen zu diesem Thema. Dabei sollen alle relevanten Inhalte zu Kunden oder Produkten in einer ganzheitlichen Sicht betrachtet werden. Die Arbeitsrealität weicht jedoch oft von dieser Wunschvorstellung vieler Mitarbeiter und Entscheidungsträger ab. Wesentliches Wissen ist in Dokumenten, E-Mails oder Reports enthalten, aber nicht zur Nutzung er-schlossen. Systeme wie Enterprise Content Management bzw. Dokumentenmanagement bieten hier die Möglichkeit, dieses Wissen durch Erfassung, Verwaltung, Bearbeitung und Verteilung zugänglich zu machen.

Zu den Aspekten eines umfassenden Dokumentenmanagements gehören vielfältige Überlegungen, z. B. was unter Dokumenten verstanden wird, warum sie verwaltet werden sollten und auf welcher Grundlage diese Aktivitäten erfolgen. Begleitet werden diese Ge-sichtspunkte durch Fragen nach der automatischen oder manuellen Dokumentenerfas-sung, der Einbindung von Dokumenten in Geschäftsprozesse, der komfortablen Suche bzw. dem Wiederfinden von Dokumenten und letztlich der regelkonformen Ablage in Form einer revisionssicheren Archivierung. Diese Aufzählung zeigt die Spannbreite der mit Dokumenten verknüpften Problematik.

Die inhaltliche Darstellung dieses Buches orientiert sich an den Bausteinen eines En-terprise Content Management Systems in Verbindung mit dem Dokumentenlebenszyklus. Dieser beginnt mit der Entstehung, der Erfassung und dem Austausch von Dokumenten.

Den Abschluss eines Dokumentenlebens bildet dann die Archivierung. Dieser Aufbau soll die logische Gedankenlinie für den Leser nachvollziehbar machen. Die Kapitel sind so konzipiert, dass sie auch einzeln gelesen werden können und kommen so dem Anliegen entgegen, sich bei Interesse an nur einer bestimmten Thematik hierüber gezielt informieren zu können.

Flensburg, Deutschland   Wolfgang Riggert

Inhaltsverzeichnis

ECM – Bestandsaufnahme

1

Veränderungen sind die Begleiter des digitalen Zeitalters. Die Rasanz der technologischen Entwicklungen stellt die Menschen und Unternehmen vor immer neue Herausforderungen. Zu Recht bedeutet sie Wandel und Veränderung und ist verknüpft mit Aufwand und Kosten. Dokumentenmanagement erscheint vor diesem Hintergrund als kleines Puzzleteil und als eine Technologie, die die Datenflut in Gestalt wachsender Dokumentenberge beherrschbar macht. Doch auch hier gilt: Eine isolierte IT-gestützte Lösung erfüllt heutige Anforderungen kaum. Das Zauberwort in diesem Kontext ist Integration. Die zu integrierenden Anwendungskomponenten reichen von der Erfassung über die Verwaltung bis zur Archivierung von Dokumenten. Der Baustein, der diese Zusammenführung ermöglicht ist das Enterprise Content Management (ECM). Integration und ECM sollen daher einführend näher betrachtet werden.

1.1 Anwendungsintegration

Eine zersplitterte Anwendungslandschaft mit einer Unmenge von Schnittstellen erschwert ein Management der Einzelapplikationen und macht das Zusammenspiel eher zu einem Glücksfall als zu einem gesteuerten zielgerichteten Ablauf. Damit wird deutlich, dass zum Austausch und zur Strukturierung der Daten eine zentrale Plattform benötigt wird. Integration verspricht die Rückkehr zu Übersicht und die Tendenz zu machbarer Verwaltung. Die Integrationsidee ist von mehreren Betrachtungsebenen abhängig. Grundlegende Voraussetzung auf dem Weg zur Zusammenführung ist zunächst die technische Infrastruktur von Netzwerken. Ohne ein einheitlich gesteuertes und konzipiertes Netz bleiben Übergänge, die im schlimmsten Falle mit Datenkonvertierungen oder Performanceeinbußen einhergehen, die Regel. Eine zweite Sicht ist die der IT-Architektur. Der weit verbreitete Client-/Server-Ansatz teilt den einzelnen Spielern in einem Verbund Rollen zu und trennt

© Springer Fachmedien Wiesbaden GmbH, ein Teil von Springer Nature 2019
W. Riggert, *ECM – Enterprise Content Management*,
https://doi.org/10.1007/978-3-658-25923-5_1

auf diese Weise Verkehrslasten im Netzwerk und für einzelne Rechner. Die oberste Ebene bildet die Anwendung selbst. Hier geht es darum, für den Anwender unmerkliche, fließende Übergänge zwischen seinen Arbeitsalltag bestimmenden Applikationen zu schaffen. Nur wenn es gelingt, alle Ebenen zu harmonisieren, kann ein homogenes Gebilde entstehen, das sowohl die Verwaltung der Infrastruktur erleichtert, als auch den Nutzer zufriedenstellt.

Unternehmen benötigen verschiedene Typen von Anwendungssystemen. Ziel aller IT-Bestrebungen ist die Unterstützung der Entscheidungsfindung und der Geschäftsprozesse auf verschiedenen Organisationsebenen für ein breites Spektrum an Funktionen. Dazu müssen Systeme Informationen, Daten und Dokumente bereitstellen, um Unternehmen zu führen, die unterschiedlichste Produkte mit individueller Preisgestaltung und komplexen Lieferplänen abwickeln, ebenso wie Unternehmen, deren Geschäftsabläufe stark verzahnt sind und die damit Beschaffung, Produktion und Absatz als zusammengehörige Wertschöpfungskette betrachten. Obwohl spezielle Systeme für betriebswirtschaftliche Funktionen unabdingbar sind, profitieren Unternehmen durch die Integration ihrer Anwendungsvielfalt. Worin liegen die Vorteile?

Die Betrachtung vieler Abläufe in einem Unternehmen als Geschäftsprozess, der sich über unterschiedliche Funktionsbereiche erstreckt, führt zur Notwendigkeit der Verknüpfung von Informationen und der Beseitigung von Medienbrüchen. Medienbrüche sowohl als Wechsel des Trägermediums für Informationen als auch als Schnittstelle mit Datenkonvertierung verstanden, führen zu einer Vielzahl negativer Begleiteffekte. Diese reichen von einfachen Erfassungsfehlern und einer damit verbundenen Minderung der Datenqualität bis zur Bindung von Mitarbeitern durch Routinetätigkeiten.

- Durch eine Informations- und Funktionsverknüpfung ergibt sich eine Beschleunigung der Geschäftsprozessabwicklung. Gerade die Senkung der Durchlaufzeit ist für viele Unternehmen ein Mittel der Kundenbindung und daher von besonderer Bedeutung.
- Eine Durchgängigkeit der Informationsbereitstellung lässt Abteilungs- und Organisationsgrenzen überwinden, die erfahrungsgemäß eine Barriere für einen homogenen Datenfluss darstellen.

Bei allen Vorzügen lassen sich einige Problembereiche der Integration nicht verschweigen:

- Fehler besitzen in einer integrierten Umgebung weitreichendere Folgen als in einer isolierten,
- Tests sind aufgrund der Komplexität schwierig zu überschauen und durchzuführen,
- aufgrund der Interdependenzen ergeben sich hohe Anforderungen an die individuelle Einstellung der Anwendung,
- nicht alle Komponenten integrierter Anwendungen sind von gleich guter Qualität.

Ein integriertes Anwendungssystem zeichnet sich durch zwei Merkmale aus:

- eine Verbindung mehrerer Funktionsbereiche,
- eine frühe Erfassung der Daten, um sie nachfolgenden Funktionen ohne Medienbruch zur Verfügung stellen zu können.

Der Impulsgeber Integration trifft in den Unternehmen auf unterschiedliche Ausgangslagen. Kein Unternehmen kann auf Informationstechnik verzichten. Dementsprechend gestreut sind die Anlässe der Integrationsbemühungen. Waren in den Anfängen Lösungen für bestimmte betriebliche Funktionen und die Bewältigung der Massendaten die vorherrschenden Triebfedern, so hat sich das Bild stark in Richtung Geschäftsprozessidee gewandelt. Insellösungen mit ihrer Begrenztheit des Datenaustausches erweisen sich als Hemmschuh für einen reibungslosen Informationsfluss, Medienbrüche hindern Produktivitätssteigerungen. So liegt es nahe, Anwendungen durch eine zentrale Integrationsplattform miteinander zu verbinden.

1.2 ECM-Bausteine

Übertragen auf den Umgang mit Dokumenten findet die Integrationsidee ihren Niederschlag in Enterprise Content Management (ECM). ECM stellt einen Sammelbegriff für Techniken und Prozesse dar, um die unternehmensrelevanten Daten in Form strukturierter, schwach strukturierter und unstrukturierter Dokumente aus unterschiedlichen Quellen zusammenzuführen und den Mitarbeitern anhand von Aufgaben Rollen zuteilen. Das Konzept geht davon aus, alle Informationen eines Unternehmens intern oder extern bereitzustellen und mit herkömmlicher Informationstechnologie zu verwalten. Enterprise Content Management kann als Wortschöpfung der AIIM (Association for Information and Image Management) gelten.

▶ ECM besteht aus Technologien, Werkzeugen und Methoden, um Inhalte (Content) unternehmensweit zu erfassen, zu verwalten, zu speichern, zu schützen und zu verteilen.

Die Definition ist sehr allgemein aber auch äußerst umfassend, so dass großer Spielraum für Interpretationen entsteht. ECM-Lösungen basieren auf bekannten Bausteinen wie elektronischer Archivierung, Workflow, Recordsmanagement oder Web-Content-Management. Der AIIM folgend lassen sich ECM-Komponenten und -Technologien in fünf Kategorien einordnen (siehe Abb. 1.1):

- Erfassung (Capture),
- Verwaltung (Manage),
- Speicherung (Store),
- Ausgabe (Deliver),
- Archivierung (Preserve).

Das traditionelle Dokumentenmanagement findet sich in der Kategorie Verwaltung wieder. Damit wird deutlich, dass es sich hierbei nur um ein Element einer weit umfassenderen Sichtweise handelt. Abb. 1.2 unterstreicht diesen Blickwinkel.

Abb. 1.1   Bausteine des Enterprise Content Managements

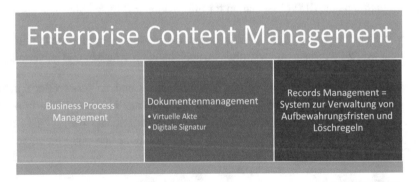

Abb. 1.2   Anwendungen des Enterprise Content Managements

Ein ECM-System bringt Struktur in die Daten und wertet sie zu Informationen auf, mit denen die Anwender Wissen generieren können. Neben diesem Vorteil der Wissenserzeugung werden von einem ECM aber viele weitere operative, architekturbedingte und prozessbasierte Vorteile erwartet (siehe Abb. 1.3).

Aber auch der Begriffsbestandteil „Enterprise" gerät zunehmend in die Diskussion, weil er eingrenzend wirkt und „Cloud" und „Mobile" nicht umschließt. Zudem wird

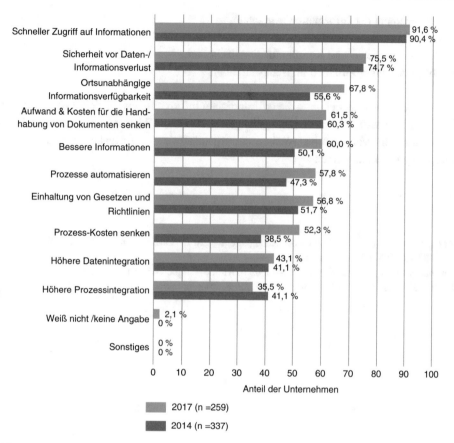

Abb. 1.3 ECM-Nutzen (Sontow und Früh 2017, S. 29)

„Content" vielfach weitläufiger interpretiert und auch mit Webinhalten assoziiert. Infolge-dessen wird „Information Management" aus mehreren Gründen als umfassende Klammer gesehen (Kampffmeyer 2017):

- Eine Begrenzung auf Funktionalitäten und Formate erscheint unangebracht, da gegen-wärtige Anwendungen alle Typen und Informationen verarbeiten müssen.
- Das herkömmliche Dokument löst sich in seiner Bedeutung auf, da insbesondere durch mobile Endgeräte feste Strukturen variabel werden.
- Um relevante Informationen aus der Informationsmenge extrahieren zu können, muss erst die gesamte Informationsmenge analysiert werden.

Dennoch bleibt anzumerken, dass auch Information Management kaum zutreffend sein dürfte, wie ein Abgleich mit einer allgemeinen Definition zeigt (Krcmar 2015, S. 109):

Informationsmanagement soll im Hinblick auf die Unternehmensziele den bestmögli-chen Einsatz der Ressource Information gewährleisten. Es umfasst das

- Management der Informationswirtschaft,
- der Informationssysteme,
- der Informations- und Kommunikationstechniken,
- sowie der übergreifenden Führungsaufgaben.

Damit wird gewährleistet, dass die erforderlichen Informationen zur richtigen Zeit und im richtigen Format zum Entscheider gelangen. Bei diesem Unterfangen stehen nicht die Technologie im Vordergrund, sondern die organisatorischen Aufgaben und die Herausforderungen der Anwender.

Literatur

Kampffmeyer U (2017) Information Management – die Diskussion um die Branche. White Paper, PROJECT CONSULT, Hamburg
Krcmar H (2015) Informationsmanagement, 6. Aufl. Springer, Berlin/Heidelberg
Sontow K, Früh F (2017) ECM im Mittelstand. Bitkom Research, Berlin

Dokument

2

Das Dokument, seine physische Grundlage in Form des Papiers, seine Eigenschaften, seine Vor- und Nachteile bei der Verwendung und sein Lebenszyklus vergegenwärtigen in diesem Kapitel seine dominante Rolle im Informationsmanagement.

2.1 Dokument und Papier

Die „Geschichte der Dokumente" ist so spannend wie die Entwicklung der Zivilisation und des Handels. Die Schrift entwickelte sich aus frühen Formen von Alltagstexten. Die frühesten Tontafeln fixierten Eintragungen zu Steuer- und Rechnungswesen. Erst später kamen diplomatische Korrespondenz und Dichtung hinzu. So wuchs im Laufe der Zeit ein Vorrat an Texten, der sich zu einem „kulturellen und geschäftlichen Gedächtnis" akkumulierte. Seither wird das Wissen über die Welt in enger Bindung mit der Kulturtechnik „Schreiben" gesehen. Selbst wenn heutzutage der Großteil der Informationen in Datenbanken gespeichert ist, werden Daten durch den Zugriff in Schrift umgewandelt. Um digital gespeichertes Wissen verfügbar zu machen, ist Schrift also weiterhin ein unverzichtbares Instrument der Kommunikation und des Umgangs mit Wissen.

Das prophezeite papierlose Büro gibt es nicht. Wie in der Vergangenheit stapeln sich große Papierberge, die auf eine effiziente Bearbeitung warten. Die papiergebundene Organisation gilt damit als Hauptursache für mangelnde Effizienz, geringe Wirtschaftlichkeit oder unzureichende Servicequalität. Die Zielsetzung, Verwaltungskosten zu reduzieren und gleichzeitig die Qualität der Arbeit nachhaltig zu steigern, ist Motiv und Antriebsfeder für eine Automation der Dokumenteneingangsbearbeitung. Die Herausforderung liegt damit in einer durchgängigen Verarbeitung der Eingangspost. Nur durch eine medienbruchfreie und transparente Verarbeitung lassen sich die wachsenden Anforderungen an Zeit, Qualität, Kosten und Leistung bewältigen. Jeder dieser Faktoren für sich ist bedeutsam, in

© Springer Fachmedien Wiesbaden GmbH, ein Teil von Springer Nature 2019
W. Riggert, *ECM – Enterprise Content Management*,
https://doi.org/10.1007/978-3-658-25923-5_2

Summe bilden sie jedoch einen entscheidenden Wettbewerbsfaktor zur Verbesserung der wertschöpfenden Kernprozesse:

Kosten

- Kostenreduktion durch Wegfall manueller Papierverteilung und begleitender Tätigkeiten wie Sichten, Kopieren, Sortieren,
- Vermeidung von Medienbrüchen,
- Nutzung der entlasteten Mitarbeiter für höherwertige Tätigkeiten – Job-Enrichment.

Leistung

- Automatische Zuordnung von Dokumenten zu Mitarbeitern und Vorgängen zu Workflows nach inhaltlichen Kriterien,
- Verringerung der Durchlaufzeit durch automatisierte Weitergabe von Dokumenten,
- Verzicht auf sich wiederholende Tätigkeiten wie manuelle Datenerfassung oder Postsortierung.

Qualität

- Fehlerfreies Erfassen relevanter Informationen und damit Steigerung der Datenqualität und der Datenintegrität, das heißt der logischen Korrektheit der Daten,
- inhaltliche Erschließung der Dokumente,
- unmittelbare Auskunftsbereitschaft durch gezielten Zugriff auf alle Informationen.

Ausgangspunkt aller Überlegungen bildet das Dokument. Was unter einem Dokument zu verstehen ist, beantwortet ein Notar sicher anders als ein Historiker.

▶ Ein Dokument im klassischen Sinne ist ein Schriftstück, in dem die Gedanken von Menschen, mit Hilfe von herkömmlichen Zeichen oder Symbolen, dargestellt werden. Ein Dokument soll also etwas „dokumentieren", das heißt einen Nachweis erbringen, ein Ereignis oder einen Vorgang festhalten oder eine chronologische Aufzeichnung vornehmen. Dokumente im IT-Sinne sind alle Objekte auf Papier oder in elektronischer Form, die Informationen für die jeweiligen betrieblichen Prozesse zur Verfügung stellen. Dokumente werden gruppiert und gemäß ihres Inhaltes kategorisiert, z. B. nach Rechnungen, Verträgen etc.

Im Kontext anwendungsbezogener Verarbeitung werden die Begriffe Dokument und Datei häufig synonym gebraucht. Dies ist in vielen Fällen nicht korrekt (Becker et al. 2012, S. 15):

- Eine Datei ist ein technischer Ausdruck für ein Binärobjekt, das gespeichert und verwaltet werden kann.
- Unter einem Dokument versteht man eine fachlich-funktionale Sicht, die sowohl analoge wie digitale Inhalte umfasst.

- Ein Dokument kann aus genau einer Datei oder aus mehreren Dateien bestehen.
- Umgekehrt kann eine Datei ein oder mehrere Dokumente beinhalten.

Der Begriff Dokument spiegelt einen konkreten Bezug zu papiergebundenem Schriftgut wider. Mit einem Dokument werden allgemein eine hohe inhaltliche Qualität und eine rechtliche Bedeutung verbunden, sowie eine unmittelbare Nähe zur Urkunde.

Papier als Grundlage eines Dokumentes hat eine lange Tradition. Aber nicht nur Gewohnheit und Tradition lassen am Papier festhalten. Es bietet gegenüber Tastatur, Maus, Bildschirm und anderen Geräten viele praktische Vorteile. Es ist leicht, handlich und mobil; es kann angefasst werden und spricht auf diese Weise mehr Sinne an als das elektronische Äquivalent. Auch räumliche Aspekte erleichtern den Umgang mit Dokumenten: Papier kann neben- und übereinander gelegt werden. Ebenfalls Bedeutung trägt der Vorteil, dass Informationen auf Papier leichter annotiert werden können als elektronische Dokumente. Weitere Vorteile des Mediums „Papier" unterstreichen seine besondere Stellung:

- Dokumente sind auf Papier oft besser lesbar als auf dem Bildschirm.
- Die direkte Vervielfältigung mittels Kopieren ermöglicht eine schnellere Weiterreichung des Dokumentes an Dritte.
- Zur Verwendung als Informationsträger bedarf es in keinem Land der Erde des Erlernens des Umgangs mit ihm.

Dem stehen naturgemäß auch Nachteile entgegen:

- Aufgrund von Medienbrüchen ist keine Be- und Verarbeitungsmöglichkeit von Papier in elektronischen Geschäftsprozessen möglich.
- Durch Ablage unwichtiger Dokumente entsteht ein hoher Platzverbrauch.
- Durch zeitaufwändiges Bearbeiten von Geschäftsprozessen entsteht ein Imageverlust des Unternehmens.
- Die langsame verbale oder schriftliche Kommunikation verhindert ein schnelles Auffinden von abgelegten Dokumenten; dadurch wird eine nahtlose Einbindung in existierende Informationssysteme erschwert.
- Es entstehen hohe Wiederherstellkosten oder rechtliche Konsequenzen, wenn Dokumente verlorengehen.
- Eine zuverlässige Terminverfolgung, Durchlaufzeitkontrolle, Lokalisierung und Wiedervorlage von Vorgängen ist kaum möglich.
- Papier als Informationsträger bedingt unproduktive Sortier-, Ablage-, Such-, Kopier-, Transport- und Liegezeiten und provoziert aufwendige Medienbrüche.

Letztlich gilt: Papier

- geht verloren,
- ist unvollständig,

- ist im Umlauf,
- wird falsch abgelegt,
- wird langsam transportiert,
- wird falsch zugestellt,
- wird kopiert,

und ist als Funktionsträger beschränkt, weil es als passives Medium

- keine Plausibilitätskontrolle,
- keine Warnungen,
- keine Erinnerungen,
- keine Links zu externer Information,
- keine Kontrolle auf Vollständigkeit,
- keine Vorschriften bezüglich Struktur und Einträgen

erlaubt.

Ein Dokument besitzt vielfältige Eigenschaften. Dazu gehören der Zeichensatz in dem es erstellt wurde, seine Formatierung oder ob es verschlüsselt ist (siehe Abb. 2.1). Darüber hinaus wird es häufig nach Zusatzinformationen beurteilt, die es im Zusammenhang mit einer Aufgabe erfüllt. So lassen sich formale Angaben wie Autor oder Erstellungsdatum, externe Elemente wie Deskriptoren oder interne Beschreibungsmerkmale wie Stichwörter unterscheiden.

Als Erweiterung des klassischen Dokumentenbegriffs wird das Compound-Dokument verstanden, das verschiedene Informationen aus unterschiedlichen Quellen wie Text, Daten, Bilder, Sprache, Video oder Links beinhalten und kombinieren kann. Compound-Dokumente sind aktive Dokumente, die zur Kommunikation und Interaktion mit ihrer Umgebung ver-

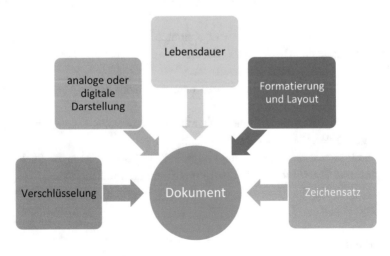

Abb. 2.1 Dokumenteneigenschaften

wendet werden können. Beispiele hierfür sind Nachschlagewerke oder Dokumente im Bereich Schulung und Training. Das Management dieser Dokumentenform schafft die Voraussetzung zu einem unternehmensweiten Management und Zugriff auf eine gemeinsame Wissensbasis mit verschiedenen Informationsformen einer oder mehrerer Lokationen und einem anforderungsgerechten Zusammensetzen und Verteilen von Informationen.

Durch die Einführung der Web-Technologien wandelt sich der Begriff „Dokument" weiter. Wird ein Dokument klassischerweise als ein geschlossenes Ganzes betrachtet, gewinnt zunehmend die innere Struktur für die Nutzung an Bedeutung. Gleiche Inhalte müssen für unterschiedliche Zielgruppen und für unterschiedliche Medien aufbereitet werden. Diese Aufgabe gewinnt zusätzlich an Komplexität, wenn die Inhalte in verschiedenen Sprachen, für Produktvarianten oder in diversen Versionen gepflegt werden müssen.

Eine besondere Qualität gewinnt der Dokumentbegriff durch die digitale Signatur. Ihr soll als Sicherheitsmerkmal zur Gewährleistung der Authentizität des Absenders und der Integrität des Inhaltes die gleiche rechtliche Bedeutung zukommen wie der Unterschrift auf Papier. Durch ein Signaturgesetz hat Deutschland die entsprechenden Rahmenbedingungen dazu geschaffen. Bei breiter Akzeptanz können ohne den Umweg des Papiers, das heißt ohne Medienbrüche Verträge geschlossen, Bestellungen getätigt oder Rechnungen zugestellt werden. Das rechtswirksame elektronische Dokument stellt daher einen entscheidenden Durchbruch für das Dokumentenmanagement dar.

2.2 Dokumentenlebenszyklus

Der Dokumentenlebenszyklus umfasst die Phasen eines Dokumentes, die es von der Generierung bis zur Archivierung bzw. Löschung durchläuft (siehe Abb. 2.2).

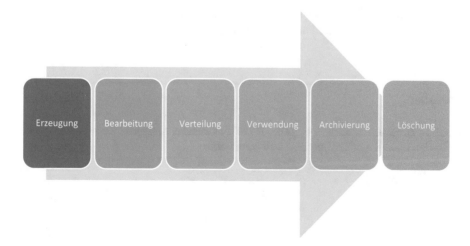

Abb. 2.2 Dokumentenlebenszyklus

Wer den Spuren eines Dokumentes durch ein Unternehmen folgt, dem stellen sich häufig Fragen, die den Lebenszyklus konkretisieren:

- Wie und in welchem Schritt eines Geschäftsprozesses entsteht das Dokument?
- Wer oder welche Organisationseinheit erfasst es?
- Wohin wird es weitergeleitet und wer muss über seinen Status informiert werden?
- Welche Hilfsmittel werden zu seiner Bearbeitung benötigt?
- Wo soll die Information archiviert werden und von wem wird sie später gesucht?

Die organisatorischen Notwendigkeiten für ein effektives Datenmanagement ändern sich in jeder Lebenszyklus-Phase eines Dokumentes. Bei der Nutzung eines Dokumentenmanagementsystems muss es für jede Phase eine Unterstützung geben.

Neben dem Aspekt der Papiergebundenheit kommt ein weiteres Argument hinzu, dass ein automatisiertes Vorgehen nahelegt: die Bedeutung der Information. Einerseits sind Informationen lebenswichtig für das Unternehmen, andererseits raubt der Umgang mit ihnen Mitarbeitern wertvolle Zeit. Ob die Datenquelle aus Papier oder elektronischen Dateien besteht: Aus Unternehmenssicht enthalten sie geschäftskritische Inhalte. Diese müssen schon beim Eingang des Dokumentes erkannt und extrahiert werden; denn nur thematisch geordnete Informationen helfen, die umfassende Bearbeitung von Dokumenten zu unterstützen.

2.3   Kontrollfragen

1. Wie unterscheidet sich ein Dokument von einer Datei?
2. Welche Vorteile weist die Verwendung von Papier auf?
3. Welche Eigenschaften kann ein Dokument besitzen?
4. Beschreiben Sie die Phasen eines Dokumentenlebenszyklus.
5. Welche Zielsetzungen sind mit der Digitalisierung verbunden?

Literatur

Becker G, Biffar J, Halstenbach V, Zöller B (2012) Leitfaden Enterprise Content Management – Überblick und Begriffserläuterungen. Bitkom, Berlin

Dokumentenaustausch

3

Das Thema digitale Transformation oder Digitalisierung von Wirtschaft und Gesellschaft ist allgegenwärtig. Damit Unternehmen wettbewerbsfähig bleiben, verändern sie mittels Digitalisierung ihre Geschäftsprozesse, ihre Produkte oder ihre Geschäftsmodelle. Um eine schnelle Versorgung mit Informationen zu erreichen, ist dabei der Austausch von Dokumenten auf elektronischem Wege unverzichtbar. Dieser Aspekt und seine Umsetzung in EDIFACT sind Gegenstand der folgenden Betrachtung. Dabei werden die Vor- und Nachteile eines elektronischen Dokumentenaustausches, seine zugrundeliegende Nachrichtenstruktur, die IT-gestützte Realisierung und mögliche Erweiterungskonzepte erläutert.

3.1 Electronic Data Interchange EDI

Dokumente können auf zwei Arten entstehen:

- durch Anwendungen in der lokalen Unternehmensumgebung,
- durch Import von anderen Unternehmen und Partnern.

Während die erste Art sich auf Aktionen der Mitarbeiter konzentriert, die durch die Verwendung von Anwendungsprogrammen das Anlegen von Dokumenten steuern oder selbst zielgerichtet für ihr Arbeitsumfeld Dokumente erzeugen, zielt die zweite Art auf einen Dokumentenaustausch ab. Hier spielt die Verknüpfung mit Unternehmen der Lieferkette oder Kunden die entscheidende Rolle.

Die Nähe des Dokumentenaustausches zum Begriff E-Commerce verdeutlicht folgende Definition:

© Springer Fachmedien Wiesbaden GmbH, ein Teil von Springer Nature 2019
W. Riggert, *ECM – Enterprise Content Management*,
https://doi.org/10.1007/978-3-658-25923-5_3

▶ Jede Art von geschäftlichen Transaktionen (zum Beispiel Verkauf oder Kauf von Waren und Dienstleistungen) sowie elektronisch abgewickelte Geschäftsprozesse (zum Beispiel Werbung, „After-Sales-Services", Onlinebanking), bei denen die Beteiligten auf elektronischem Wege (zum Beispiel über das Internet oder Netzwerke von Mobilfunkanbietern) miteinander verkehren und nicht durch physischen Austausch in direktem Kontakt stehen. (https://wirtschaftslexikon.gabler.de/definition/e-commerce-34215/version-257721)

Aus dieser engen Verbindung erklärt sich die Bedeutung des elektronischen Datenaustausches zwischen Geschäftspartnern. Viele Unternehmen werden dadurch in die Lage versetzt, relevante Transaktionen schnell und nachvollziehbar durchzuführen. Eine Grundvoraussetzung für einen reibungslosen Ablauf ist die Existenz einheitlicher Nachrichtenstandards. Erst wenn Sender und Empfänger die Daten zuverlässig erkennen und interpretieren können, ist eine automatische Weiterverarbeitung gewährleistet. Die folgende Definition des Begriffs EDI (Electronic Data Interchange) unterstreicht diese Sichtweise:

▶ Unter dem Begriff des *elektronischen Datenaustausches* (*EDI*) versteht man den Austausch strukturierter elektronischer Geschäftsdokumente zwischen verschiedenen Geschäftspartnern. EDI ist dabei keine bestimmte Technologie, sondern ein Zusammenspiel von elektronischen Prozessen, Austauschprotokollen und Geschäftsdokumentenstandards (https://ecosio.com/de/blog/2015/01/22/Was-ist-elektronischer-Datenaustausch-EDI-und-was-sind-die-Vorteile-durch-EDI/).

Die Entwicklung des nationalen und internationalen Handels und seine zunehmende Verflechtung bedingt einen wachsenden Informationsbedarf zwischen allen beteiligten Partnern über sämtliche Handelsstufen. Diese Anforderungen gehen mit einem Bedarf nach beschleunigter Informationsübermittlung einher. EDI – der elektronische Datenaustausch – als Ablösung des traditionellen Weges der Übertragung von Papierdokumenten zwischen den Kommunikationspartnern ist inzwischen zu einem vertrauten Begriff der IT-Welt geworden. Die Rationalisierungs- und Logistikpotenziale konzentrieren sich auf Aspekte wie die Senkung des Transaktionsaufwands, die Reduktion der Durchlaufzeiten oder die Verringerung der Kapitalbindung. Neben diesen allgemeinen Vorzügen existieren weitere speziellere Vorteile:

- Kostensenkung: kein Umgang mit Papier, Einsparung bei Verwaltung und Personal,
- Prozessbeschleunigung: Verkürzung der Bearbeitung- und Weiterleitzeit,
- Datensicherheit: Vermeidung redundanter manueller Eingaben und dadurch Reduktion von Fehlern,
- Kundenbindung: verbessertes Lieferantenranking und gesteigerte Wettbewerbsfähigkeit.

EDI beschreibt den interventionsfreien Austausch von Geschäftsdaten unternehmens- und branchenübergreifend nach internationalen Standards direkt zwischen den Computern der beteiligten Geschäftspartner. Zielsetzung ist es,

- manuelle Arbeitsvorgänge zur Erstellung und Weiterverarbeitung von Geschäftsdokumenten zu ersetzen,
- als Sender und Empfänger von Nachrichten nicht mehr Mitarbeiter, sondern die beteiligten Anwendungsprogramme anzusehen.

Tragfähig wird diese Idee der automatischen Abwicklung von Geschäftsaktivitäten aber nur, falls bereits IT-gestützte Außenbeziehungen eines Unternehmens in nennenswertem Umfang existieren. Diese Grundbedingung des E-Commerce trifft auf immer mehr Unternehmen zu.

Unabhängig von ihrer Größe sind Unternehmen über Supply Chain Management (SCM) oder Customer Relationship Management (CRM) mit ihren Partnern oder Kunden verbunden. Hieraus ergibt sich ein individuelles Beziehungsgeflecht jedes Unternehmens. Um Kommunikationsbeziehungen zu jedem Geschäftspartner/Kunden aufzubauen, hat ein Unternehmen dabei die Wahl, ein Austauschformat selbst zu definieren oder auf ein standardisiertes Format zurückzugreifen.

Das freie Format besitzt den Vorteil einer beliebigen Gestaltbarkeit, was Inhalt und Reihenfolge der Datenfelder angeht. Es werden nur die als notwendig erachteten Daten übermittelt, so dass kein Zwang besteht, Felder zu bedienen, die nicht ausgewertet werden. Infolgedessen entsprechen die übertragenen Daten dem tatsächlich geforderten Volumen. Ist nur eine Kommunikationsbeziehung zu verwirklichen, so bedeutet es keinen großen Aufwand, ein individuelles Programm zur Datenselektion und -übertragung in die bestehende Umgebung einzubetten.

Kommuniziert ein Unternehmen aber über vielfältige Verbindungen mit seinem Geschäftsumfeld, hat dieser Ansatz zur Folge, dass für jeden Partner je Kommunikationsrichtung und Dokumententyp ein Format festgelegt und umgesetzt werden muss. Abgesehen von dem beträchtlichen Verwaltungsaufwand, den viele Kommunikationsverbindungen unterschiedlicher Art mit sich bringen, entstehen gravierende Probleme, sobald sich die Systemanforderungen ändern, da dann zahlreiche Programmmodifikationen notwendig werden. Ohne eine Norm für den Datenaustausch führen bilateralen Vereinbarungen dazu, dass die Anzahl benutzter Formate gleich der Anzahl der Partner ist.

Beispiel: Batteriehersteller

Einem Batteriehersteller, der Zulieferer der Automobilindustrie, der Lieferant von Taschen- und Radiobatterien für Groß- und Einzelhandel und der Zulieferer individueller Kunden ist, stellt sich die Frage: Welcher Kunde erhält welche Rechnung in welchem Layout?

Damit wird deutlich, dass der elektronische Datenaustausch auf einem standardisierten und maschinenlesbaren Format basieren muss, um seine Rationalisierungseffekte zu entfalten. Drei Anforderungen sind zu bedenken:

1. Strukturierte Daten sind durch eine präzise Festlegung ihrer Zusammensetzung gekennzeichnet,

2. die Daten müssen eine Syntax, das heißt eine Ordnung und Reihenfolge einhalten,
3. die Bedeutung der einzelnen Datenfelder muss eindeutig definiert sein.

Eine internationale Norm garantiert diese Merkmale. Da alle Beteiligten mit gleichen Formaten arbeiten, sind keine Anpassungen für einzelne Kommunikationsverbindungen notwendig. Die benötigten Elemente eines Dokumententyps werden mit entsprechenden
Werkzeugen internen Datenfeldern zugewiesen, so dass Änderungen in der firmeneigenen
Datenstruktur nur einmal je Dokumententyp und nicht je Verbindung nachvollzogen werden müssen. Auch bedarf es keines zeitraubenden Abstimmungsprozesses zwischen einzelnen Partnern bezüglich der übermittelten Datenfelder mehr, da der Standard einen eindeutigen Rahmen für jedes Dokument festschreibt. Allerdings gestatten optionale
Elemente eine gewisse Flexibilität, die den Vorteil der Verwendung eines fixen Standards
einschränkt. Die Beschränkung auf „Musselemente" kann hier Abhilfe schaffen.

In der Vergangenheit haben sich mehrere Kategorien von EDI-Standards herausgebildet. Eine Ausdifferenzierung der unterschiedlichen Anwendungsfelder mit den entsprechenden Standards zeigt die nachfolgende Abb. 3.1, Online-Lernmodule finden sich dazu
unter dem Link: http://www.prozeus.de/prozeus/mediathek/lernmodule/.

Wann und mit welchen Partnern neben dem Formatgesichtspunkt die Aufnahme des
EDI-Verkehrs vorteilhaft ist, lässt sich nicht prinzipiell beantworten. Zu oft bestimmen die
bestehenden Abhängigkeiten zwischen Lieferanten und ihren Kunden diese Entscheidung.
Einen Indikator bildet jedoch das zu bewältigende Belegvolumen. Eine kleinere Zahl von
Unternehmen zeigt Einführungsbereitschaft auch aus strategisch-innovativen Gründen,
obwohl das Belegvolumen eher gering ist.

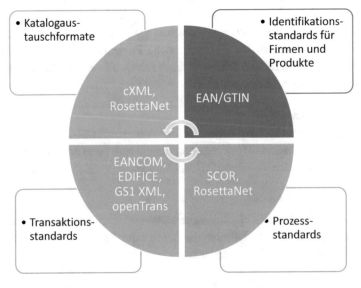

Abb. 3.1 EDI-Standardkategorien

Neben dem eigentlichen Belegaufkommen spielt aber auch die inhaltliche Komponente des Austausches eine Rolle, denn Geschäftsdaten beziehen sich in der Regel auf alle Felder unternehmerischer Aktivität. Von Nachteil für die Verbreitung von EDI ist es daher, dass in den internationalen Standardisierungsvarianten nicht alle wünschenswerten Nachrichten genormt sind und folglich das Einsatzfeld von vornherein eingeschränkt ist. Dadurch behalten nationale, bilaterale und branchenspezifische Vereinbarungen weiterhin ihren Reiz. Unternehmen, die auf dieser Basis arbeiten, sind kaum bereit, das Feld zu wechseln.

3.2   UN/EDIFACT

Mit UN/EDIFACT (United Nations Electronic Data Interchange for Administration, Commerce and Transport) haben die Vereinten Nationen Ende der 80er-Jahre einen globalen, branchenübergreifenden Standard zum Austausch strukturierter Daten geschaffen. Er umfasst über 200 definierte Nachrichtentypen und wird weltweit als gemeinsame (Standard-)Sprache für den elektronischen Datenaustausch eingesetzt. EDIFACT stellt keinen einzelnen Standard dar, sondern ist eine Sammlung von Standards und Regeln, die von den Vereinten Nationen im sog. UNTDID (United Nations Trade Data Interchange Directory) verwaltet werden. Die Grundlage für den internationalen, systemunabhängigen Geschäftsdatenaustausch bilden die EDIFACT – Syntaxregeln, die 1988 als ISO-Standard 9735 (EDIFACT – Application level syntax rules) veröffentlicht wurden. Die hohe Anzahl der an der Entwicklung von UN/EDIFACT beteiligten Anwendergruppen hat dazu geführt, dass EDIFACT-Nachrichten im Laufe der Zeit sehr komplex und umfangreich wurden. Aus diesem Grund wurden sogenannte EDIFACT-Subsets (Untermengen) gebildet. Die meist branchenspezifischen Untermengen beinhalten sämtliche Muss-Bestandteile von EDIFACT und zusätzlich nur die optionalen Elemente, die für die im Subset beschriebenen Geschäftsprozesse notwendig sind. Mit der Definition von EDIFACT-Subsets ergeben sich jedoch Kompatibilitätsprobleme, da nicht sichergestellt ist, dass jeder Kommunikationspartner dieselben Teilmengen des Gesamtstandards benutzt und/oder in seinen Anwendungsprogrammen implementiert hat.

Gemäß der Kriterien Branche und Gültigkeitsbereich lässt sich EDIFACT wie in Tab. 3.1 dargestellt zu anderen Standards positionieren.

In der Vergangenheit sind mehrere Organisationen in unterschiedlichen Wirtschaftszweigen gegründet worden, um den EDI-Gedanken zu forcieren:

- **ODETTE** (Organisation for Data Exchange by Tele Transmission in Europe) wurde Anfang 1984 ins Leben gerufen und setzt sich sowohl aus Herstellern als auch aus

Tab. 3.1 EDI im Vergleich zu anderen Standards

	branchenabhängig	branchenunabhängig
International	ODETTE	EDIFACT
national	VDA	ANSI X.12

Lieferanten zusammen. Schwerpunkt der Tätigkeit ist die Entwicklung von Nachrichten für den Geschäftsverkehr zwischen Automobilherstellern und ihren Lieferanten. Die Arbeiten betreffen den gesamten europäischen Raum und werden in festen Arbeitsgruppen durchgeführt. Der inhaltliche Rahmen geht über EDI hinaus und betrifft auch Fragen der Barcodemarkierung genormter Container oder des Austausches technischer Daten.

- **CEFIC** (Centre Europeen des Federations de l'Industrie Chimique) vertritt seit 1987 15 Verbände der chemischen Industrie Westeuropas. Drei Arbeitsgruppen leisten die praktische Arbeit dieses Zusammenschlusses. Eine Nachrichtengruppe beschäftigt sich mit der Entwicklung von Mitteilungen für die chemische Industrie in den Bereichen Geschäftsverkehr, Transport und Verwaltung; eine technische Arbeitsgruppe prüft die betrieblichen Voraussetzungen für den elektronischen Datenaustausch und eine dritte Gruppe versucht, die geschäftsinnovativen Aspekte von EDI zu identifizieren.
- **EDIFICE** (EDI-Forum for Companies with Interest in Computing and Electronics) wurde 1986 unter Beteiligung europäischer Elektronikkonzerne gegründet. Seitdem arbeitet EDIFICE auf sämtlichen Stufen des EDIFACT-Boards und der Nachrichtenentwicklungsgruppen mit. Mehrere Mitglieder sind Tochterunternehmen großer amerikanischer Konzerne.
- Das bedeutendste und weltweit am häufigsten eingesetzte Subset ist **EANCOM®**, gebildet als Kunstwort aus EAN (heute: GTIN) und COM (communication). EANCOM® stammt ursprünglich aus der Konsumgüterbranche und wird heute branchenübergreifend eingesetzt. Nahezu alle Geschäftsprozesse lassen sich mit den EANCOM®-Nachrichten unterstützen. Von grundlegender Bedeutung ist die eindeutige und unverwechselbare Identifikation von Produkten und Partnern. In EANCOM®-Nachrichten wird daher jedes Produkt durch seine weltweit eindeutige Artikelnummer (GTIN) und jeder Partner durch seine eindeutige globale Lokationsnummer GLN überschneidungsfrei identifiziert.

Abb. 3.2 spiegelt nochmals den Untermengengedanken der einzelnen Subsets wider.

Zum Austausch von Geschäftsdaten existieren in EANCOM® derzeit 46 Nachrichtentypen. Neben den Nachrichten ORDERS (Bestellung), DESADV (Liefermeldung) und INVOIC (Rechnung) werden für den Austausch von Stamm- und Bewegungsdaten weitere Nachrichten wie PRICAT (Preisliste/Katalog), INVRPT (Bestandsbericht) oder IFTMIN (Transportauftrag) bereitgestellt. Die folgende Abbildung gibt einen Überblick über die wichtigsten EANCOM-Nachrichtentypen und ihre Austauschreihenfolge.

Die einzelnen Nachrichtentypen in EANCOM lassen sich grob in die folgenden vier Kategorien einteilen (https://ecosio.com/de/blog/2014/06/20/EANCOM-ein-Beispiel-fuer-ein-EDIFACT-Subset/):

- **Stammdatenabgleich**: Diese Nachrichtentypen werden zum Austausch von Produktstammdaten und von Stammdaten der beteiligten Handelspartner genutzt. Die Stammdaten werden anschließend in den Systemen der beteiligten Partner gespeichert und für die folgenden Nachrichtentransaktionen genutzt. Damit ist garantiert, dass immer die aktuelle Produktidentifikation und deren Preise verwendet werden.

Abb. 3.2 EDI-Subsets

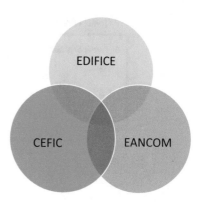

- **Transaktionen**: Diese Nachrichtentypen beziehen sich auf die Bestellung von Waren, die Organisationen des Warentransports, sowie für die Bezahlung der bestellten Waren (siehe Abb. 3.3).
- **Reporting und Planung**: Diese Nachrichtentypen richten sich auf den Austausch von Daten für zukünftige Planungen. Beispiel hierfür ist ein Verkaufsreport, mit dessen Hilfe aktuelle Verkaufszahlen eines Produktes an einen Zulieferer kommuniziert werden können.
- **Verschiedenes**: Die Nachrichtentypen in dieser Kategorie dienen für verschiedene Zwecke wie dem Austausch von zusätzlichen Informationen, die für den Anwendungsbetrieb notwendig sind.

Aus der Vielzahl von Nachrichten werden im Folgenden einige detailliert vorgestellt, um die Spannbreite sichtbar zu machen. Die drei wichtigsten Typen sind mit Abstand ORDERS (Bestellung), DESADV (Lieferavis) und INVOIC (Rechnung).

Preisliste/Katalog (PRICAT): Eine PRICAT-Nachricht wird von einem Lieferanten an seine Kunden versendet und enthält eine Liste mit allen relevanten Produktinformationen des Lieferanten. Eine PRICAT-Nachricht wird immer dann versendet, wenn es zu einer Änderung im Produktsortiment des Lieferanten gekommen ist.

Bestellung (ORDERS): Eine ORDERS-Nachricht wird von einem Kunden an einen Lieferanten übermittelt und dient zur Bestellung von Produkten und Dienstleistungen. In der Bestellung sind die gewünschte Menge sowie der gewünschte Liefertermin und der Lieferort enthalten. Die GTIN-Codes für die bestellten Produkte und Dienstleistungen sowie die verwendeten GLNs sind in einer vorherigen PRICAT-Nachricht mitgeteilt worden. Die Bestellnachricht sollte für die täglichen Bestelltransaktionen verwendet werden mit der allgemeinen Regel: „eine Bestellung pro Lieferung und Lokation". Es ist jedoch auch möglich, Lieferungen an verschiedene Orte und zu verschiedenen Terminen zu ordern.

Transportauftrag (IFTMIN): Dieser Typ wird von einem Lieferanten an einen Logistikdienstleister übermittelt und dient zur Beauftragung eines Gütertransports.

Liefermeldung (DESADV): Bevor die Ware beim Kunden ankommt, wird dieser vorab mit Hilfe einer DESADV-Nachricht vom Lieferanten über die bevorstehende Liefe-

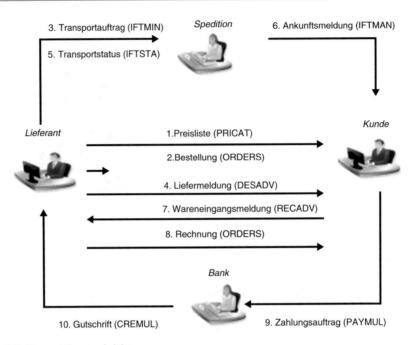

3. Transportauftrag (IFTMIN)   Spedition   6. Ankunftsmeldung (IFTMAN)

5. Transportstatus (IFTSTA)

Lieferant   1.Preisliste (PRICAT)   Kunde

2.Bestellung (ORDERS)

4. Liefermeldung (DESADV)

7. Wareneingangsmeldung (RECADV)

8. Rechnung (ORDERS)

Bank

10. Gutschrift (CREMUL)   9. Zahlungsauftrag (PAYMUL)

Abb. 3.3 Transaktionsnachrichten

rung informiert. Die DESADV-Nachricht ist insbesondere bei Großunternehmen wichtig, da diese anhand der DESADV-Nachrichten ihre eigene Eingangslogistik koordinieren können. Die Nachricht bezieht sich auf einen Versandort und einen oder mehrere Empfangsorte und kann mehrere unterschiedliche Einzelpositionen, Packstücke oder Bestellungen umfassen. Mit Hilfe dieser Nachricht weiß der Empfänger, wann welche Güter versandt wurden. Er kann den Wareneingang vorbereiten und die Daten der Lieferung mit denen der Bestellung vergleichen.

Transportstatus (IFTSTA): Mit Hilfe einer IFTSTA-Nachricht bestätigt der Logistikdienstleister dem Auftraggeber (in diesem Fall dem Lieferanten) die Durchführung einer bestimmten Lieferung. Wann diese Nachricht genau versendet wird, hängt von der Vereinbarung zwischen Spediteur und Lieferant ab. So kann eine IFTSTA-Nachricht beispielsweise einmal pro Tag versendet werden, oder genau dann, wenn eine Lieferung durchgeführt wird.

Ankunftsmeldung (IFTMAN): Eine IFTMAN-Nachricht kann von einem Spediteur an den Empfänger einer Ware (in diesem Fall den Kunden) versendet werden, um die baldige Lieferung anzuzeigen. Der Zweck ist ähnlich wie beim DESADV die bessere Planung der Eingangslogistik auf Seiten des Kunden.

Wareneingangsmeldung (RECADV): Mit Hilfe einer RECADV-Nachricht kann der Kunde dem Lieferanten den Eingang einer bestimmten Lieferung bestätigen. Dies ermöglicht es dem Kunden, den Lieferanten über Abweichungen bei der gelieferten Menge oder über Ablehnung einer bestimmten Lieferung zu informieren.

Rechnung (INVOIC): Eine INVOIC-Nachricht beinhaltet eine Rechnung vom Lieferanten an den Kunden. Dieser Nachrichtentyp dient bei korrekter Kennzeichnung auch zur

Übermittlung von Gutschriften und Belastungsanzeigen. Der Verkäufer kann einen oder mehrere Geschäftsvorfälle gleichzeitig berechnen. Eine Rechnung kann Güter oder Dienstleistungen einer oder mehrerer Bestellungen, Lieferanweisungen, Abrufe etc. umfassen. Die Nachricht kann Referenzangaben zu Zahlungsbedingungen, Transportdetails und zusätzliche Informationen für Zoll und Statistikzwecke bei grenzüberschreitenden Transaktionen beinhalten.

Zahlungsauftrag (PAYMUL): Eine PAYMUL-Nachricht dient zur Übermittlung einer Zahlungsanweisung vom Kunden an seine Bank. Die Bank veranlasst auf Basis dieser Nachricht die Überweisung des Rechnungsbetrages an den Lieferanten.

Gutschrift (CREMUL): Mit Hilfe einer CREMUL-Nachricht informiert eine Bank den Lieferanten über eine erfolgte Zahlung durch den Kunden.

EDIFACT-Beispiel

Trotz eines verhaltenen Bekanntheitsgrades im klein- und mittelständischen Bereich wird EDIFACT in vielen kommerziellen Anwendungen mit zentraler Bedeutung verwendet. Die Kommunikation bei den von der Bundesnetzagentur für den Energiemarkt definierten Marktprozessen wird durchgängig über EDIFACT realisiert. Dabei kommen sechs Nachrichtentypen zum Einsatz. Für die Netznutzungsabrechnung werden die Nachrichtentypen INVOIC zur Stellung der Netznutzungsabrechnung und REMADV zur Bestätigung beziehunhsweise Ablehnung der offenen Forderung verwendet. Beide Nachrichtentypen werden in der Version D.99A genutzt. Darüber hinaus wird vorgeschlagen, bei jedem Empfang eines Dokumentes dessen Syntax und Inhalt zu prüfen und dem Absender umgehend eine CONTRL- und APERAK-Nachricht zurückzuschicken.

3.3 EDIFACT Vor- und Nachteile

Die Vorteile von EDIFACT beruhen im Kern auf beschleunigten Geschäftsprozessen hinsichtlich der unternehmensübergreifenden Integration. Die Zurechenbarkeit von Kosten- und Leistungswirkungen werden dadurch erschwert, dass zeitlich verzögerte oder räumlich und organisatorisch verteilte Effekte auftreten. Dennoch lassen sich eine Reihe von Vorteilen des EDI-Einsatzes identifizieren (siehe Abb. 3.4 und Tab. 3.2).

Diesen Vorteilen stehen aber durchaus innerbetriebliche Probleme gegenüber. EDIFACT bedeutet nicht nur die Installation eines neuen Kommunikationsmechanismus, sondern schafft eine neue Qualität in der internen und externen Aufgabenabwicklung, die zu unterschiedlich starken organisatorischen Anpassungen führt. Die direkte Integration betrieblicher Anwendungen substituiert Funktionen, die bei herkömmlicher Geschäftsabwicklung auf Papierbasis mit der manuellen Weiterleitung und Verarbeitung der Daten beschäftigt waren. Funktionen des Posteingangs, der Sichtung und Verteilung und der manuellen Dokumentenbearbeitung werden schlagartig überflüssig. Dem steht gegenüber, dass durch überbetriebliche Prozessketten mit einer engen Verzahnung der zusammenhängenden Funktionen, bilaterale Absprachen über Inhalt, Datenfelder, Formate, Bereinigung von Fehlersituationen, effektive Betriebsstunden und vieles mehr zu führen sind, die im Einzelfall fachliches Know-how erfordern. Das zusätzliche Know-how und die für dessen

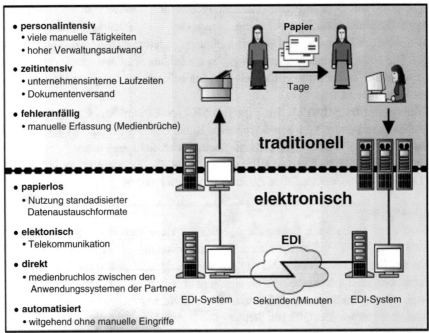

© integratio GmbH Würzburg

Abb. 3.4 Traditionelle versus elektronische Abläufe

Tab. 3.2 Nutzenaspekte von EDIFACT

Aspekt	Vorteile
allgemeine Natur	wirtschaftlicher, schnellerer, sicherer und korrekterer Datenaustausch elektronische Verfügbarkeit der Geschäftsdaten Verringerung der Eingabe- und Übertragungsfehler
betriebswirtschaftliche Natur	bessere und eindeutigere Lieferinformation Senkung der Fehler- und Fehlmengenkosten Einsparung von Gemeinkosten im Verwaltungsablauf Senkung der Kapitalkosten bei Kreditoren/Debitoren Reduktion der Logistikkosten entlang der gesamten Prozesskette Reduktion der Porto- und Papierkosten
Produktivitätsanstieg	Verminderung der Papierflut Reduzierung des Management-/Verwaltungsaufwandes Vermeidung wiederholter Datenerfassung Verringerung der Eingabefehler Bestelldatenübernahme in die IT-Anwendung.
Erhöhung der Logistikleistung	Verminderung der Lagerbestände, Reduktion von Lagerflächen geringere Kapitalbindung, kürzere Beschaffungszeiten, kleinere Bestellmengen, schnellere Bestellübermittlung Reduzierung des Warenbeschaffungsrisikos
normbedingte Natur	weltweit eindeutig soft- und hardwareneutral

Erwerb erforderlichen Kosten stellen einen von den Unternehmen als nicht gering erachteten Hemmschuh für eine weitreichende EDIFACT-Umsetzung dar.

Abb. 3.5 und 3.6 stellen Arbeitsschritte und Zeitanteile für eine traditionelle und eine EDIFACT-gestützte Auftragsabwicklung gegenüber.

Die Nutzenaspekte für die Verwendung von EDIFACT lassen sich folgendermaßen zusammenfassen:

Allgemeine Vorteile:

- Wegfall manueller Tätigkeiten wie Adressieren, Kuvertieren, Erfassen von Versendungen, Abgleichen, Korrigieren ...,
- Festigung der Marktposition, da „EDI-Fähigkeit" bereits ein wichtiges Kriterium bei der Lieferantenauswahl sein kann,
- schnelle und interventionsfreie Kommunikation.

Abb. 3.5 Auftragsabwicklung traditionell

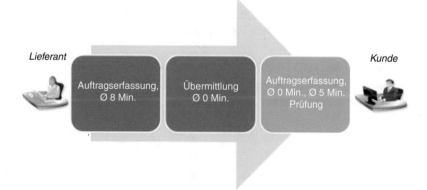

Abb. 3.6 Auftragsabwicklung EDI-gestützt

Kosteneffekte:

- keine Doppelerfassung von Daten,
- Reduktion der Übermittlungskosten (Porto),
- Kostenreduktion für Verteilen und Archivieren von Papier,
- Kosteneinsparungen bei Papier.

Zeiteffekte:

- Beschleunigung der zwischenbetrieblichen Integration,
- Beschleunigung interner Abläufe durch direkte Datenübernahme,
- 24-stündige Erreichbarkeit.

Qualitätseffekte:

- keine manuellen Erfassungsfehler,
- aktuelle Datenbasis,
- keine Sprachbarrieren da internationaler Standard.

Zwischenbetriebliche Effekte:

- Ausgleich von Standortnachteilen,
- Beschleunigung des Informationsflusses,
- Voraussetzung für Just-In-Time-Produktion,
- Auswahlkriterium für Geschäftsbeziehungen.

Dieser Menge an Vorzügen stehen einige bedenkenswerte Aspekte gegenüber:

- Anwendungen müssen angepasst werden,
- Neugestaltung der Aufbau- und Ablauforganisation durch Änderung der mit EDIFACT abgewickelten Geschäftsvorfälle,
- Kosten die durch die Einführung/Einarbeitung/Wartung/Schulung entstehen,
- Standardisierung bedeutet oft auch Verzögerung.

Um die Vorteilhaftigkeit von EDI-Services beurteilen zu können, stehen ROI-Kalkulatoren zur Verfügung. Einen Überblick gibt folgender Link: https://www.gs1-germany.de/serviceverzeichnis/edi-services/#c1587.

3.4 Nachrichtenaufbau

Eine EDIFACT-Nachricht ist im Wesentlichen eine Textdatei mit einer festgelegten Struktur und Syntax für die darin übermittelten Daten. Überdies ist die Syntax weltweit einheitlich. Sie hat die Aufgabe, jedes Feld und alle Einzelheiten der Inhalte so darzustellen, dass alle Systeme, über welche mittels UN/EDIFACT elektronischer Datenaustausch betrieben wird, stets exakt das Gleiche verstehen.

Wie ist nun eine EDFACTI-Datei als die eigentliche Basis des Datenaustausches aufgebaut und aus welchen Einzelelementen setzt sie sich zusammen? EDIFACT zeichnet sich gegenüber den historischen Formaten wie VDA durch variable Satzlängen und Formate aus. Als Folge dieser flexiblen Struktur ist es nicht mehr notwendig, nicht verwendete Felder leer zu übertragen. Des Weiteren kann durch den Verzicht auf feste Satzvorgaben das Übertragungsvolumen stark reduziert werden, was sich positiv auf die Übertragungskosten und Bandbreite auswirkt.

Jeder Nachrichtentyp ist durch eine Bezeichnung aus sechs Buchstaben charakterisiert, die sich aus der Kombination der abgekürzten englischsprachigen Bezeichnung des Nachrichtentyps zusammensetzt (Beispiel: INVOIC = Invoice = Rechnung). Basis dafür sind die UN/EDIFACT-Syntaxregeln, die Standards zur Strukturierung von Daten zu Segmenten, Segmenten zu Nachrichten und Nachrichten zu einer Übertragungsdatei beschreiben. Somit hat jedes Segment seinen Platz in einer Sequenz von Segmenten innerhalb der Nachricht. Der Nutzer kann auf Segmentebene anhand von Codes bzw. Qualifiern standardisierte und anwendergerechte Inhalte übermitteln. Abb. 3.7 zeigt den hierarchischen Aufbau:

Auf der untersten Ebene wird die Nachricht aus Datenelementen zusammengesetzt, die eine individuelle Datenposition identifizieren, wie zum Beispiel für GTIN, Preis je Einheit oder Lieferdatum.

Der Einsatz von EDIFACT setzt die Verständigung auf einen Zeichensatz, eine einheitliche Darstellung in Form von Datenelementen, eine Strukturierung der Nachrichteninhalte durch ein Nachrichtenaufbaudiagramm und die Existenz einer Netzwerkanbindung als Transportmedium der Nachricht voraus. Die Datenelemente sind in EDIFACT Directories enthalten, die international von der UN/ECE und in Deutschland von der DIN veröffentlicht werden. Sie umfassen die Definition und Beschreibung aller einzelnen Syntaxelemente.

- Verwendete Zeichensätze: Zur Darstellung der Nachrichteninhalte werden mehrere Typen von Zeichensätzen verwendet:
  - Typ A enthält ausschließlich druckbare Zeichen.
  - Typ B umfasst alle zulässigen Zeichen des 7-Bit und 8-Bit-Codes und definiert neben den allgemein üblichen Druckzeichen damit auch Steuer- und Trennsymbole.
  - Typ C, D, E und F können für nationale Zeichensätze genutzt werden.

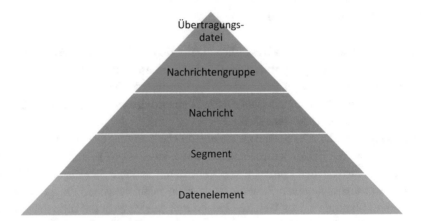

Abb. 3.7 EDIFACT-Strukturelemente

- **Qualifier:** Diese legen aufgrund ihres Inhaltes nachfolgende oder vorausgehende Elemente bis zu gesamten Segmenten fest. Auf diese Weise können gleiche Segmente, die mit unterschiedlichen Qualifiern versehen sind, mehrmals vorkommen.
- **Datenelemente** sind Basisbausteine einer Nachricht, mit folgenden Eigenschaften:
  - Sie bilden die kleinste Informationseinheit: Bestellnummer oder Preis ≈ Datenfeld einer Bildschirmmaske.
  - Sie stehen in den übergeordneten Strukturen stets an der gleichen Stelle. Die Identifikation geschieht also anhand der Position.
- **Datenelementgruppe**: Diese bildet eine Zusammenfassung von Datenelementen mit Informationen, die in einem logischen Zusammenhang stehen. Auch hier ist die Position innerhalb eines Segmentes identifizierend.

Segment: Segmente fassen logisch zusammenhängende Datenelemente oder Datenelementgruppen, z. B. Adresse oder Bankverbindung, zusammen und zeichnen sich durch folgende Merkmale aus:

- Die Identifikation erfolgt durch einen Segmentbezeichner = Kombination aus drei Buchstaben.
- Die Reihenfolge des Auftretens einzelner Segmente ist im Nachrichtenaufbaudiagramm festgelegt.
- Es existieren zwei Segmentarten:
  - Nutzdatensegment: Informationen bezüglich des Geschäftsvorganges,
  - Servicesegment: Identifikation und Strukturierung der auszutauschenden Daten.

Der Segmentstatus kann „muss" oder „optional" sein. Daraus ergibt sich die Definitionsmöglichkeit vieler spezieller Nachrichten und die Vielfalt der EDIFACT-Subsets. Abb. 3.8 zeigt ein Beispielsegment.

Abb. 3.8 EDIFACT-Beispielsegment

Segmentwiederholungen sind zulässig. Grundsätzlich besteht die Möglichkeit, einzelne Segmente bis zu einer Höchstgrenze zu wiederholen, z. B. Lieferpositionen. Segmente können auch geschachtelt werden (nested loops).

Nachricht: Eine Zusammenfassung aller Segmente, die zur Darstellung eines Geschäftsvorgangs gehören, bildet eine EDIFACT-Nachricht. Die Identifikation einer Nachricht erfolgt durch UNH = Kopf- und UNT = Endsegmente. Die Nachrichtenstruktur ist im Nachrichtenaufbaudiagramm festgelegt.

Nachrichtengruppe: Die Zusammenfassung gleicher Nachrichtenarten für den gleichen Empfänger führt zu einer Nachrichtengruppe. Die Identifikation erfolgt durch UNG = Kopf- und UNE = Endsegmente. Zur Identifikation einer Nachricht in einer Nachrichtengruppe dient eine Referenznummer, so dass die Reihenfolge einzelner Nachrichten beliebig sein kann.

Übertragungsdatei: Sie bildet die Zusammenfassung von Nachrichten oder Nachrichtengruppen eines Absenders für einen Empfänger. Die Identifikation erfolgt durch UNB = Kopf- und UNZ = Endsegmente. Die Identifikation einer Nachricht in einer Übertragungsdatei geschieht durch Absender- und Empfängerangaben. Die Reihenfolge ist demgemäß beliebig.

Trennzeichen: Sie bieten die Möglichkeit, nur den bedeutungstragenden Inhalt von Nachrichten zu übertragen. Folgende Definitionen sind üblich:

+ für Segmentbezeichner und folgende Datenelemente sowie Datenelemente untereinander
: für Datenelemente in einer Datenelementgruppe
' als Segmentendzeichen

Verkürzung einer Nachricht: In einer Nachricht nicht benötigte Datenelemente und Segmente können ausgelassen werden, sofern es sich um KANN-Elemente handelt, da viele Anwendungen nicht alle im Nachrichtenaufbaudiagramm festgelegten Strukturen auswerten. Der Verzicht auf syntaktische Elemente wird durch Trennzeichen angezeigt, wobei alle inhaltslosen Datenelemente am Ende eines Segmentes lediglich durch ein einzelnes Trennzeichen symbolisiert werden.

Prinzipien des Nachrichtenaufbaus: Jede Nachricht wird durch ein Nachrichtenaufbaudiagramm definiert mit folgenden Anforderungen:

- Muss-Elemente stehen stets am Segmentanfang.
- Segmenttypen sollten möglichst in unterschiedlichen Nachrichtentypen wiederverwendet werden.

Abb. 3.9 fasst die Struktur einer EDI-Übertragungsdatei zusammen, Tab. 3.3 gibt an, welche Standardverzeichnisse die einzelnen Elemente definieren.

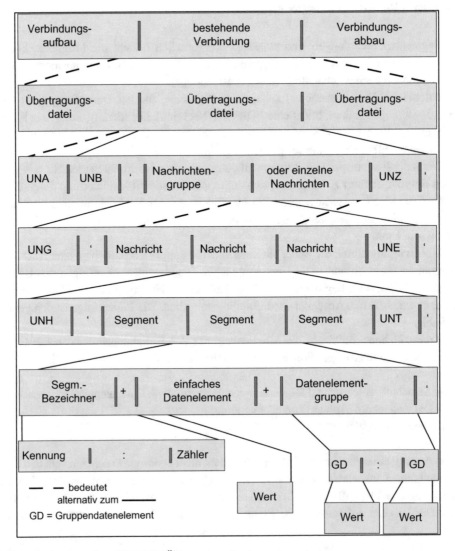

Abb. 3.9 Struktur einer EDIFACT-Übertragungsdatei

Tab. 3.3 Bereiche von EDIFACT-Bestandteilen und Directories

Komponente	Verzeichnis
Datenelement	EDED – UN/EDIFACT Data Element Directory
Datenelementgruppe	EDCD – UN/EDIFACT Composite Data Element Directory
Segment	EDSD – UN/EDIFACT Segment Directory
Nachricht	EDMD – UN/EDIFACT Standard Message Directory

3.5   EDIFACT-Beispielnachricht

Beispielrechnung:

```
Firma Meyer KG, Elektronische Bauteile
Edistrasse
24943 Flensburg

Herrn
Hans Muster
Fördestr. 12
24943                                    Flensburg
17.11.2018

Rechnung Nr. 12-333/07
```

Artikelnummer	Bezeichnung	Stück	Preis	Betrag
123-1071	Transistor	20	0.50	10.00
137-3533	Transistor	10	6.40	64.00
188-7400	IC TTL	50	0.90	45.00

```
Porto und Verpackung                          €    6.50
Gesamtsumme                                   €  125.50

Zahlbar 30 Tage netto auf Kto-Nr. 80-11111-7 bei der Volksbank
Flensburg; Achtung: Betriebsferien vom 9.6 - 21.6.2019
```

EDIFACT-Nachricht INVOIC:

```
UNA:+.?'
UNB+UNOA:1+126401+126891+991117:1436+REF700'
UNH+INV001+INVOIC:1++1'
BGM+380+12-333/97+20181117'
REF+94003-T001:PO+004:20071009'
NAD+BY+126891++HANS MUSTER+ FÖRDESTR.12+FLENSBURG+24943'
NAD+SE+126401++FIRMA MEIER KG+EDISTRASSE+FLENSBURG+24943'
UNS+D'
LIN++123-1071+20:21:PC+0.5:CA:1+20+10'
LIN++137-3533+10:21:PC+6.4:CA:1+10+64'
LIN++188-7400+50:21:PC+0.9:CA:1+50+45'
LIN++999-9901++++6.5'
UNS+S'
TMA+125.5
UNT+13+INV001'
UNZ+1+REF700'
```

Die Übertragung der Rechnung in den Nachrichtentypen INVOIC gemäß des EDIFACT-Standards zeigt ein sehr komprimiertes Erscheinungsbild, das inhaltlich nicht unmittelbar erfassbar ist. Tab. 3.4 erläutert die verwendeten Segmente dieser Nachricht.

Im Folgenden werden Inhalt und Bedeutung der Segmente erläutert (https://ecosio. com/de/blog/2014/05/15/Aufbau-einer-EDIFACT-Datei/):

Tab. 3.4   verwendete Segmente der Beispielnachricht INVOIC

Segmentbezeichner	Erläuterung	Muss/Kann-Segment
UNA	Segment für Trennzeichenvorgabe	k
UNB	Nutzdatenkopfsegment	m
UNH	Nachrichtenkopfsegment	m
BGM	Nachrichtenbeginn	m
REF	Referenzangaben	k
NAD	Name und Anschrift	k
TRI	Steuerangaben	k
PAT	Zahlungsbedingungen	k
UNS	Abschnittskontrollsegment	m
LIN	Positionsdaten	m
UNS	Abschnittskontrollsegment	m
TMA	Endsumme	m
UNT	Nachrichtenendsegment	m
UNZ	Nutzdatenendsegment	m

- UNA: Segment zur Definition der Trennzeichensätze
- UNB: enthält Angaben über den verwendeten Standard und die Version (UNOA: 1), EDIFACT-spezifische Absender- und Empfängeradressen (126402, 126981), Erstellungsdatum der Datei und eine Referenz-Nr. (REF700)
- UNH: markiert den Nachrichtenstart und benutzt eine Nachrichtenreferenznummer des Absenders (INV001) und den Nachrichtentypen (INVOIC)
- BGM: enthält den Code für eine kommerzielle Rechnung (380), die Rechnungsnummer und das Rechnungsdatum
- REF: enthält Verweise auf andere Dokumente, die einen Bezug zu dieser Rechnung haben, z. B. die auslösende Bestellung
- NAD: Name und Adresse des Absenders (BY=Buyer) und des Empfängers (SE=Seller), deren EDI-spezifische Nummer mit deren Herkunft (91=Vergabe vom Verkäufer, 92=Vergabe durch den Käufer)
- UNS+D: markiert den Anfang der Aufzählung der Rechnungspositionen
- LIN: Rechnungspositionen mit Artikelnummer, Bestellmenge (20, PC=Maßeinheit ist Stückzahl), Preis (0.50; CA=gemäß Katalog; 1=Größe der Preiseinheit), Anzahl und Gesamtpreis der Position
- UNS+S: markiert das Ende der Rechnungspositionen
- TMA: Gesamtbetrag der Rechnung
- UNT: Endsegment der Nachricht mit Nachrichtenidentifikation (INV001) und Gesamtzahl der Segmente (13)
- UNZ: Endsegment der Übertragungsdatei mit Referenznummer (REF700).

Ein Demo-Portal findet sich unter folgendem Link: https://portal.gefeg.com/ValidationPortal/

3.6   EDIFACT-Architektur

Voraussetzung für die Nutzung von EDIFACT ist eine spezifische EDI-Software, die in ähnlicher Form auch bei den angebundenen Partnern existieren muss. Diese Software besteht im Wesentlichen aus drei Komponenten:

1. Einem Konnektor/Schnittstelle zur Integration der eigenen Anwendungssysteme. Dieser verbindet die EDI-Software mit den Anwendungen mit dem Ziel, die Nachrichten zwischen Anwendung und EDI-Software automatisch zu übertragen. Für jede Anwendung gibt es einen individuellen Konnektor.
2. Einem Konverter für die Umwandlung/Transformation von Inhouse-Formaten bzw. -Nachrichten. Primäre Aufgabe ist die Umwandlung von Daten (Nachrichten) der Anwendung in standardisierte EDI-Nachrichten.
3. Einem Kommunikationsadapter für die Übertragung der "EDIFACT Nachricht" an die Geschäftspartner. Der Kommunikationsadapter stellt eine Verbindung zwischen Sender

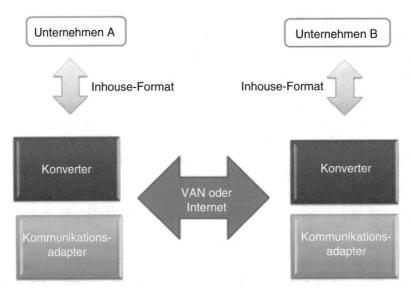

Abb. 3.10   EDIFACT-Architektur-Aufbau

und Empfänger her und überträgt nach dem Verbindungsaufbau die zuvor konvertierte
Nachricht an den Geschäftspartner. Prinzipiell existieren zwei Varianten der Übertragung: indirekte/asynchrone Kommunikation über Value Added Networks (VANs) und
direkte/synchrone Kommunikation über das Internet.

Den prinzipiellen Aufbau einer EDIFACT-Architektur gibt Abb. 3.10 wieder.

Kritisches Element dieses Aufbaus ist der Konverter, der aus den Bestandteilen der
Anwendung die EDIFACT-Nachricht zusammensetzt. Diese Nachricht muss dem Standard entsprechen, aber auf der anderen Seite auch der Übereinkunft mit den Partnern ge-
recht werden, das heißt die vereinbarten Kann-Elemente müssen berücksichtigt werden.
Zudem dürfen keine unterschiedlichen Interpretationsmöglichkeiten bezüglich der Feldin-
halte existieren und es muss Klarheit bezüglich der Bewertungssysteme bestehen, wenn
z. B. in der Logistikkette Hersteller – Handel – Verbraucher als Partner einen Artikel hinsichtlich Art, Ausführung, Verpackung, Identifikation oder Gebindegröße spezifizieren.

3.7   Erweiterung Web-EDI

Die skizzierte EDIFACT-Architektur stellt kleine und mittlere Unternehmen vor hohe Hür-
den. Zwar verfügen viele Unternehmen über Anwendungen, für die eine EDI-Konnektivität
einen Vorteil darstellt, aber sie verfügen kaum über einen EDI-Konverter und das zugehörige Know-how. Web-EDI besitzt den Vorteil, Geschäftspartner anbinden zu können, die

Tab. 3.5 Web-EDI zwischen Partner und Betreiber

Angebundener Partner	Web-EDI Betreiber
zu geringes Belegvolumen für klassisches EDI	EDI-Anbindung auch kleiner Geschäftspartner
Mangel an Know-how und entsprechender EDV-Infrastruktur	keine Notwendigkeit von Absprachen bezüglich Support oder Implementierung mit den Partnern
kostengünstige Möglichkeit, der Forderung von Partnern nach EDI nachzukommen	nur EDI-Schnittstelle erforderlich

aufgrund mangelnder Infrastruktur, geringem Transaktionsvolumen oder mangelndem Know-how nicht in der Lage sind, das herkömmliche EDIFACT-Verfahren zu nutzen. Das Grundprinzip ist einfach: Das Unternehmen loggt sich über einen Webbrowser in ein Web-EDI-System ein, gibt formularbasiert seine Daten ein und sendet und empfängt an und vom EDI-Partner die strukturierten EDIFACT-Daten über diese Oberfläche.

Unternehmen, die klassisches EDIFACT bereits einsetzen, haben daher die Möglichkeit, mit geringem Zusatzaufwand auch kleine Partner in die EDIFACT-Landschaft zu integrieren und auf diese Weise eine umfassende EDI-gestützte Anwendungsumgebung aufzubauen. Die unterschiedlichen Beweggründe für Web-EDI spiegelt Tab. 3.5 wider.

So elegant diese Lösung erscheint, birgt sie jedoch auf beiden Seiten, der des Betreibers und der des Anwenders, Probleme. Ein Betreiber benötigt zusätzliche Infrastruktur, die gepflegt und gewartet werden will, ein Anwender muss die Daten weiterhin manuell erfassen, was fehleranfällig und zeitaufwendig ist. Der Hauptnachteil liegt aber in der mangelnden Integration in die Inhouse-Systeme. Web-EDI ist als Client-/Server-Anwendung realisiert, bei der der Server EDIFACT-Daten als Web-Formulare bereitstellt und der Client des Partners diese für die Datenerfassung über das Medium Internet abruft. Üblicherweise entsteht bei Web-EDI für den angebundenen Partner ein Medienbruch, der billigend in Kauf genommen wird, da sich jede Form der Anwendungsintegration aus Gründen des fehlenden Belegvolumens oder der mangelnden IT-Ausstattung als unrentabel erweist. Ein typischer Ablauf des Nachrichtenversands lässt sich folgendermaßen vorstellen:

1. Die Absprachen bezüglich des Web-EDI-Betriebs beschränken sich auf die Vereinbarung von Web-Adresse, User-ID und Passwort und entsprechen damit den Erfordernissen eines üblichen Login-Vorganges.
2. Der Nutzer wählt aus einer Liste verfügbarer EDIFACT-Nachrichtentypen den zutreffenden aus, füllt das entsprechende Formular mit Daten und versendet es an den Partner.
3. Beim Web-EDI-Betreiber erfolgt die Integration ankommender Nachrichten vollständig interventionslos. Die eingehenden Daten werden vom Web-EDI-System an das EDI-System übergeben, konvertiert und über eine Schnittstelle/Konnektor der Anwendung zur Weiterverarbeitung zur Verfügung gestellt.
4. Ausgehende Daten werden dem Web-EDI-System als EDIFACT-Datei übergeben, für das WWW aufbereitet und dem Partner angeboten.

3.8   Kontrollfragen

1. An welchen Merkmalen lassen sich Alter und Herkunft von EDI erkennen?
2. Welche Struktur liegt einer EDI-Übertragungsdatei zugrunde?
3. Welche Vor- und Nachteile hat der Austausch von Geschäftsdaten mit EDI?
4. Was ist der Auslöser zur Bildung von EDI-Subsets?
5. Welche Idee steckt hinter Web-EDI und was soll dieses Konzept erreichen?
6. Skizzieren Sie eine EDI-Architektur.

XML (Extensible Markup Language)

4

XML gilt als universelles Sprachmodell zur Entwicklung von Internetanwendungen und zum Austausch von Informationen. Als Metasprache wird es als ausreichend flexibel erachtet, die Nachteile von EDIFACT auszugleichen. Wo die Vorteile liegen, welche begleitenden Standards existieren und welche Formate eine praktische Bedeutung erlangt haben, klärt das folgende Kapitel.

4.1 XML-Standard

Im Jahre 1996 begann ein Team unter der Leitung von Jon Bosak mit Unterstützung des World Wide Web Consortiums (W3C) mit der Entwicklung eines neuen Standards (siehe Abb. 4.1, die die Historie von Markup-Sprachen wiedergibt), dessen Ziel es war, Geschäftsdaten aller Art einfach, leicht erweiterbar und lesbar darzustellen. XML erscheint als eine Art Gegenentwurf zu EDIFACT. Während EDIFACT strukturierte Dokumente auf der Grundlage transaktionsorientierter Informationen in eine Datei transformiert, versieht XML wenig oder unstrukturierte Dokumente mit einer Syntax und einer Semantik, die sich individuell nach dem Charakter des Dokumentes richten kann. Der Ausgangspunkt bzw. Stammbaum von XML liegt in der Auszeichnungssprache SGML, die der Idee folgte, durch Tags Dokumente inhaltlich zu strukturieren.

Analog zu SGML versucht XML inhaltliche Strukturen zu erfassen und den Datenaustausch semantisch anzureichern. Dabei steht der Name Extensible Markup für eine Auszeichnungssprache, die sich erweitern lässt. Ihr Bezug zu HTML, der Seitenbeschreibungssprache des WWW, ist zwar unverkennbar, dennoch handelt es sich nicht um eine Obermenge von HTML. XML ist zwar eine Sprache und umfasst Regeln bzw. eine Syntax, aber sie schreibt keinen festen Satz von Vokabeln vor und definiert folglich auch keine

© Springer Fachmedien Wiesbaden GmbH, ein Teil von Springer Nature 2019
W. Riggert, *ECM – Enterprise Content Management*,
https://doi.org/10.1007/978-3-658-25923-5_4

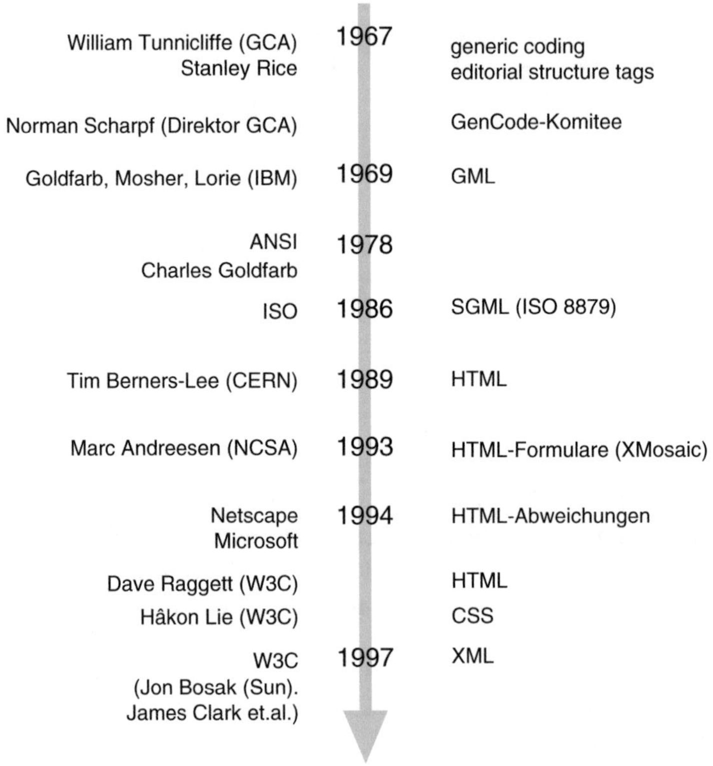

William Tunnicliffe (GCA)	1967	generic coding
Stanley Rice		editorial structure tags
Norman Scharpf (Direktor GCA)		GenCode-Komitee
Goldfarb, Mosher, Lorie (IBM)	1969	GML
ANSI	1978	
Charles Goldfarb		
ISO	1986	SGML (ISO 8879)
Tim Berners-Lee (CERN)	1989	HTML
Marc Andreesen (NCSA)	1993	HTML-Formulare (XMosaic)
Netscape	1994	HTML-Abweichungen
Microsoft		
Dave Raggett (W3C)		HTML
Hâkon Lie (W3C)		CSS
W3C	1997	XML
(Jon Bosak (Sun).		
James Clark et.al.)		

Abb. 4.1 XML-Historie. (Behme, H. & Minter, S: XML in der Praxis http://www.linkwerk.com/pub/xmlidp/2000/strukturorientiert.html)

strukturellen Beziehungen zwischen den ausgezeichneten Daten. Die wesentlichen Merkmale lassen sich plakativ in wenigen Aspekten zusammenfassen:

- XML ist ein offener Standard,
- XML basiert auf selbstbeschreibenden Merkmalen (Kontext als auch Inhalt),
- XML ist leicht erlernbar,
- XML ist leicht sowohl von Rechnern als auch von Menschen zu lesen,
- XML-Dokumente sind leicht erweiterbar,
- XML ist plattform- und anwendungsunabhängig.

In diesen Merkmalen spiegelt sich ein weiterer Gegensatz zu EDIFACT wider: leicht erlernbar und lesbar sind Eigenschaften, die Schulung und Know-how-Aufbau unterstützen und die Hemmschwelle einer Verwendung senken. Das Beispiel in Abb. 4.2 verdeutlicht diese Erwartung.

Diese Kundendatei ist mit ihren Einträgen leicht interpretierbar. Erweiterung und individuelle Anpassung erscheinen problemlos möglich. Ein Unterschied zu HTML ist jedoch

```
<?xml version="1.0"?>
<Adressbuch>
 <Kundenname="Max Mustermann">
  <Adresse>
   <Straße>Musterstraße 14</Straße>
   <PLZ>12345</PLZ>
   <Ort>Musterhausen</Ort>
  </Adresse>
 </Kundenname>
 <Kundenname="August Meyer">
  <Adresse>
   <Straße>Um-Weg 37</Straße>
   <PLZ>23943</PLZ>
   <Ort>Flensburg</Ort>
  </Adresse>
```

Abb. 4.2 Kundendaten in XML-Format

augenfällig: Die Darstellung der logischen Struktur von Dokumenten ist von deren Layoutinformationen getrennt. Der Grund hierfür ist einfach: XML zeichnet sich durch eine unendliche Menge möglicher Tags aus – daher mutet es unmöglich an, ein definiertes Layout für diese Tags im Browser festzulegen.

Die Besonderheiten von XML lassen sich folgendermaßen zusammenfassen:

- Anwender definieren ihre eigenen Tags oder greifen auf öffentlich verfügbare Tagmengen zurück, die für verschiedene Anwendungsbereiche im Internet angeboten werden.
- Inhaltliche Strukturen lassen sich in beliebiger Tiefe schachteln.
- Die verwendeten Tagnamen ermöglichen einen Rückschluss auf die Bedeutung der Daten. Dagegen wird die Darstellung nicht explizit festgelegt.

Eine Document Type Definition (DTD) ist die Grundlage für jedes XML-Dokument. Innerhalb dieser DTD werden die Struktur, die Anordnung und der Inhalt sowie die Attribute mit ihren möglichen Werten definiert und somit eine formale Grammatik wiedergegeben. DTDs gestatten einer XML-Datei die Zuordnung zu einer Dokumentenklasse. Eine korrekte XML-Datei muss daher in zweifacher Hinsicht validiert werden:

Um **wohlgeformt** zu sein, muss ein Dokument syntaktische Regeln der XML-Grammatik erfüllen. Dabei gilt:

- Jedes wohlgeformte Dokument beginnt mit einem Prolog, dem mindestens ein Element folgt.
- Danach sind Kommentare oder Verarbeitungsanweisungen erlaubt.

Tab. 4.1 Vorzüge von XML (https://en.wikibooks.org/wiki/XML_-_Managing_Data_Exchange/ Introduction_to_XML)

Eigenschaft	Beschreibung
einfach	XML ist leicht lesbar und folglich für Rechner leicht zu verarbeiten
offener Standard	XML ist ein W3C-Standard
erweiterbar	Die Menge der Tags ist nicht im Voraus definiert, sondern kann fallweise je nach Anforderung festgelegt werden
selbstbeschreibend	Im Gegensatz zu Datenbanken, deren Tabellen durch ein Schema beschrieben werden, erlaubt XML die Dokumentenablage ohne Definitionen, da Metadaten in Form von Tags und Attributen zum Sprachumfang gehören
Kontextinformationen	Tags, Attribute und Elementstrukturen liefern Kontextinformationen, die die Interpretation des Dokumenteninhaltes erlauben und auf diese Weise Suchen und Auswertungen ermöglichen
Trennung von Inhalt und Darstellung	XML-Tags legen eine Bedeutung, aber keine Darstellung fest, das heißt ein XML-Dokument kann auf mehrere Arten präsentiert werden
Einbettung unterschiedlicher Datentypen	XML-Dokumente können unterschiedlichste Datentypen von Multimedia (Bild, Sound, Video) bis aktive Komponenten (Java Applets) aufnehmen
Einbettung existierender Daten	Die Einbindung vorhandener Datenstrukturen wie Filesysteme oder relationale Datenbanken ist unter XML möglich
verteilte Daten	XML-Dokumente können geschachtelt über mehrere Server verteilt liegen

• Hinter dem Prolog beginnen die XML-Daten in Form eines Baumes aus Elementen und Attributen.
• Das erste Element ist das Wurzelelement, das alle anderen Elemente einschließt.

In einem zweiten Schritt wird die Konformität der XML-Datei mit der DTD geprüft. Eine gültige Datei entspricht der DTD-Definition.

Die Stärke von XML (siehe Tab. 4.1) ist gleichzeitig die Schwäche der anderen Datenbeschreibungen: die Datendarstellung in leicht verständlicher Form mit einfacher Interpretationsmöglichkeit. Selbst wenn eine Anwendung in der Lage ist, zu identifizieren, dass eine HTML-Seite ein Angebot enthält, so ist die Isolierung der einzelnen Elemente wie Preis, Produktname und Menge äußerst aufwendig. Diesen Mangel versucht XML zu beseitigen. Eine Anwendung, die XML versteht, kann die erhaltenen Daten zergliedern und einzelne Daten inhaltlich interpretieren. Dies führt dazu, dass Web-Shops, die ihre Produktdaten im XML-Format ablegen, Einkaufsabteilungen ermöglichen, ihr Angebot nach bestimmten Artikeln gezielt zu analysieren und damit den Inhalt nach speziellen Interessen zu filtern. Das Ausblenden oder Anzeigen bestimmter Dokumentenpassagen ist derart flexibel, dass individuelle Sichten auch für einzelnen Abteilungen denkbar sind. So könnten sich Produktdokumentationen an den Kundendienst und das Marketing wenden, wobei das Marketing nicht an technischen Details interessiert wäre. Entsprechend ließen sich als dem Bereich „Technik" zugehörige Dokumententeile für diejenigen ausblenden, die dem Benutzerprofil „Marketing" zugeordnet sind.

XML unterscheidet sich von HTML in einem weiteren Punkt; es ist keine direkt anwendbare Sprache, sondern eine Metasprache, die einen Rahmen in Form einer allgemeinen Grammatik darstellt, mittels derer sich Anwendungen realisieren lassen. XML lebt also durch das, was die Anwender schaffen. Jeder Anwender kann mit XML neue, eigene Tags für seine Anforderungen definieren. Zur Formulierung von Theaterstücken sind Tags für Akt, Szene oder Rolle gewünscht, für Geschäftsprozesse sind Tags wie Preis, Menge, Bestellnummer oder Artikelbezeichnung wichtig und für Applikationen im Gesundheitswesen wären Tags für Namen, Versicherung oder Diagnose erforderlich. XML liefert für jede Anwendung keine speziellen Tags, sondern nur die Vorschrift, wie diese standardkonform zu definieren sind.

4.2 XML-Begleitstandards

Neben dem XML-Kernstandard haben eine Reihe weiterer Standards das Anwendungsspektrum erweitert. Aus der Menge der Zusatzfunktionalitäten sollen vier Vorschläge etwas näher beleuchtet werden:

XML-Schema wurde als Ersatz der DTDs entworfen. Mit XSD *(XML Schema Definition)* lassen sich neben der Struktur von XML-Dokumenten auch vordefinierte Datentypen und Wertebereiche definieren, wie sie häufig zum Einsatz kommen und auch in der Datenbanktheorie verwendet werden. Ein konkretes XML-Schema wird auch als eine **XSD** bezeichnet und hat als Datei üblicherweise die Endung **.xsd**. Im Gegensatz zu DTDs kann bei Verwendung von XML-Schemata zwischen dem Namen des XML-Typs und dem in der Instanz verwendeten Namen des XML-Tags unterschieden werden. Zudem ist XSD – im Gegensatz zu DTD – selbst in XML spezifiziert, so dass sich die breite Palette von Werkzeugen zur XML-Verarbeitung auch für XSD nutzen lässt.

Das Beispiel in Abb. 4.3 definiert einen neuen XML-Datentypen mit dem Namen monatsinteger sowie eine Liste Monate dieses neuen Typs, die die Werte zwischen 1 und 12 enthalten kann.

Dieses kleine Beispiel gibt einen Eindruck von Aufbau und Definitionsmöglichkeiten. XML-Schema stellt ein mächtiges Werkzeug zur Generierung von Datentypen dar und erweitert damit vor allem die Möglichkeit der formalen Prüfung der Integrität der Informationen. Zur Verwendung eines XML-Schemas in einer XML-Datei kann das Attribut schemaLocation verwendet werden, um die Adresse des Schemas bekannt zu machen. Somit besteht für eine Anwendung die Möglichkeit, das Schema zu laden. Alternativ kann der Anwendung das Schema aber auch über andere Wege bekannt gemacht werden, z. B. über Konfigurationsdateien.

Extensible Stylesheet Language (XSL) ist eine in XML definierte Familie von Transformationssprachen zur Definition von Layouts für XML-Dokumente ähnlich der Cascading Stylesheets für HTML-Dokumente. Die Untersprache XSLT wird außerdem zur

Abb. 4.3 XML-Schema
Beispiel

```
<xs:simpleType name="monatsinteger">
  <xs:restriction base="xs:integer">
    <xs:minInclusive value="1"/>
    <xs:maxInclusive value="12"/>
  </xs:restriction>
</xs:simpleType>
<xs:simpleType name="Monate">
  <xs:list itemType="monatsinteger"/>
</xs:simpleType>
```

XML-Dokument		
Struktur DTD, Schema	**Inhalt**	**Layout** XSL, CSS

`<?xml version ="1.0">`
 `<!ELEMENT  Adresse`
 `(Firma, Str., PLZ, Ort)>`
 `<!ELEMENT Firma>`
 `<!ELEMENT STR.>`
 `>!ELEMENT PLZ>`
 `<!ELEMENT Ort>`
	`<Adresse>`
	 `<Firma>Hochschule</Firma>`
	 `<Str.>Kanzleistr.</Str.>`
	 `<PLZ> 24943</PLZ>`
	 `<Ort>Flensburg</Ort>`
	 `</Adresse>`
		`<xsl:when test="Adresse[0]">`
		 `<TABLE WIDTH="100%"`
		 `ORDER="0"`
		 `CELLSPACING="0"`
		 `CELLPADDING="0">`
		 `<TR VALIGN="TOP">`
		 `<TD WIDTH="10%"></TD>`
		 `<TD WIDTH="95%" ID="f4">`
		 `<xsl:value-of select="Firma"/>`
		 `</TD>`
		 `</TR>`
		 `</TABLE>`
		 `</xsl:when>`

Abb. 4.4 XML und Begleitstandards

Übersetzung/Transformation eines XML-Formats in ein anderes XML- oder Textformat genutzt. Im Gegensatz zu HMTL, das vordefinierte Tags für die Formatierung nutzt, die der Browser interpretiert, verfügt XML über keine Präsentationstags. Dies ist der Idee geschuldet, Inhalt und Layout streng zu trennen. Daher bedarf es eines eigenen Standards, um XML-Dokumente in der gewünschten Form anzuzeigen. Dies erlaubt aber auch, dass die gleichen Daten für unterschiedliche Zwecke in einem unterschiedlichen Format präsentiert werden können, so dass sich eine große Flexibilität ergibt. Abb. 4.4 zeigt das Zusammenspiel der drei Standards XML, XSD/DTD und XSL.

XPath bezeichnet eine Abfragesprache für XML-Dokumente, die sich an deren Baumstruktur orientiert. Sie dient dazu, aus großen XML-Datensammlungen einzelne Teile herauszusuchen. Über Pfadausdrücke gemäß dem hierarchischen Aufbau werden in einem Dokument enthaltene Knoten gesucht (z. B. Element-, Attribut- und Textknoten). Das Beispiel eines Baumes mit drei Ästen und mehreren Blättern in Abb. 4.5 verdeutlicht das Vorgehen (Gorke 2006).

Abb. 4.5 XPath-Beispiel

```
<?xml version="1.0"?>
<Wurzel>
  <Baum Alter="10">
    <Ast Umfang="dick">
        <Blatt Farbe="grün"/>
        <Blatt Farbe="grün"/>
        <Ast Umfang="dünn">
          <Blatt Farbe="grün"/>
          <Blatt Farbe="gelb"/>
          <Blatt Farbe="gelb"/>
        </Ast>
    </Ast>
    <Ast Umfang="mittel">
      <Blatt Farbe="gelb"/>
      <Blatt Farbe="grün" >Raupe</blatt>
      <Blatt Farbe="gelb"/>
    </Ast>
  </Baum>
</Wurzel>
```

XPath-Abfragen können an diesen Baum beispielhaft wie folgt gestellt werden:

1. Alle Blätter: /Wurzel/Baum/Blatt
2. Alle Blätter mit Raupe: /Wurzel/Baum/Blatt [text()="Raupe"]
3. Alle dicken Äste: //Ast[@Umfang="dick"]

Die Abfrage unterscheidet – wie in vielen Kontexten üblich – zwischen absoluten und relativen Pfaden und erscheint von den syntaktischen Gegebenheiten sehr pragmatisch und nachvollziehbar.

XQuery als Erweiterung von XPath benutzt eine an XSLT, SQL und C angelehnte Syntax und verwendet neben XPath ein XML-Schema für sein Datenmodell und seine Funktionsbibliothek.

XML-Namensräume (englisch „XML namespaces") werden benutzt, um das Vokabular eines XML-Dokumentes eindeutig zu identifizieren. Ein XML-Dokument besteht im Wesentlichen aus Elementen und Attributen. Durch die Zuordnung zu einer DTD gehören Elemente und Attribute dem Namensraum dieser DTD an. Fehlt jedoch die Dokumenttyp-Deklaration, bleibt unklar, auf welchen Namensraum sich die verwendeten Element- und Attributnamen beziehen sollen. Ein zweites Problem entsteht, wenn die Namen aus unterschiedlichen Namensräumen stammen, z. B. tritt in einem XML-Dokument zweimal ein Element mit dem Namen div. auf, der einmal auf einen eigenen Namensraum verweist und einmal als HTML-Element dient. Um diese Schwierigkeiten zu umgehen, wurde der Begriff der qualifizierten Namen eingeführt. Qualifizierte Namen bestehen aus einem Präfix, der den Namensraum bezeichnet, und einem lokalen Namensteil, der den Namen des Elements oder Attributs innerhalb des Namensraums angibt.

```
<?xml version="1.0" encoding="ISO-8859-1" ?>
<Buch xmlns="http://www.meinserver.de/XML/buch">
<Kapitel nummer="1">
 <html xmlns="http://www.w3.org/TR/REC-html-40">
  <head><title>Einleitung</title></head>
  <body>
   <h1>Einleitung</h1>
   <p>Das Buch beginnt mit diesem Text...</p>
  </body>
 </html>
</Kapitel>
</Buch>
```

Abb. 4.6   XML-Namespace-Beispiel

Das Beispiel aus Abb. 4.6 (https://wiki.selfhtml.org/wiki/XML/Regeln/XML-Namens-r%C3%A4ume) zeigt ein XML-Dokument mit dem Elementnamen Buch. Im Einleitungs-Tag ist eine XML-Namensraumdeklaration enthalten. Dazu wird dem einleitenden Tag das Attribut xmlns hinzugefügt (xmlns = XML name space, das heißt XML-Namensraum). Darauf folgt eine Adresse, die angibt, auf welchen anderen Namensraum in diesem Element Bezug genommen wird. Diese Adresse muss nicht unbedingt eine aufrufbare Adresse sein. Es handelt sich um eine reine Konvention, vergleichbar einer eindeutigen Namensvergabe.

Zusammenfassend lässt sich feststellen, dass im Zusammenhang mit XML viele Erweiterungen definiert wurden, die XML-Ausdrücke für häufig benötigte allgemeine Funktionen anbieten, wie etwa für die Verknüpfung von XML-Dokumenten. Daneben erweitern viele weitere Begleitstandards den Funktionsumfang:

- Verknüpfung von XML-Ressourcen: XPointer, XLink und XInclude
- Datenmanipulation in einem XML-Datensatz: XUpdate
- Erfassen von elektronischen Formularen: XForms
- Signatur und Verschlüsselung von XML-Knoten: XML Signature und XML-Encryption

4.3   XML-basierte Standards

Verstehen können sich nur diejenigen, die die gleiche Sprache sprechen. Dies gilt nicht nur für Personen, sondern auch für Anwendungssysteme. Mit dem Auftauchen von XML als modernerem Dialekt im Vergleich zu EDIFACT für den elektronischen Datenaustausch EDI wuchs die Zahl der XML-basierten Kommunikationsvorschläge erheblich, so dass ein Überblick zunehmend schwer fällt. Zu den eingesetzten Standards gehören: BMEcat, xCBL, cXML, ICE, Rosetta Net, OBI, Biztalk und ebXML. Einen Überblick vermittelt Tab. 4.2.

Tab. 4.2 XML-Formate (http://wiki.prozeus.de/index.php/EBusiness-Standards)

Standard	Basis	Umfang	Initiatoren
BMEcat, openTrans	XML	standardisiertes Austauschformat für Katalogdaten	Bundesverband Materialwirtschaft, Einkauf und Logistik, Universität Essen und Fraunhofer Institut für Arbeitswirtschaft und Organisation
xCBL	SOX	Vordefinierte Dokumententypen	Perfect Commerce
cXML	XML	Einheitliche Katalogsprache und vordefinierte Dokumententypen	Ariba
ICE	XML	Kommunikationsprotokoll	IDE Alliance
Rosetta Net	XML	Dokumententypen, Produktcodes	IBM, Intel, Cisco, Sony
OBI	ANSI X.12	Transportprotokolle, Dokumententypen, Sicherheitsprotokolle, organisatorisches Modell	CommerceNet
Biztalk	ANSI X.12	Dokumententypen, Sicherheitsprotokolle, Vorgehensmodell	Microsoft
ebXML	XML	Dokumententypen, Infrastruktur für die Datenkommunikation	Oasis, UN/CEFACT

cXML bezieht sich als Dokumentenaustauschformat hauptsächlich auf die katalogbasierte Beschaffung und nicht auf die Modellierung von Katalogdaten, wie es andere Katalogaustauschformaten wie z. B. **BMEcat** vorsehen. Daher enthält die Spezifikation von cXML zahlreiche Definitionen, wie Geschäftsdokumente ausgetauscht werden sollen. Eine Besonderheit von cXML sind sogenannte „Punch-Out"-Kataloge (diese Funktion bietet BMEcat in der Version 2005). Hierbei handelt es sich um interaktive Kataloge auf der Website des Lieferanten. Der Katalog erkennt anhand einer Punch-Out-Anforderung über ein elektronisches Beschaffungssystem das kaufende Unternehmen und zeigt automatisch die von seinem Nutzerprofil abhängigen Produkte und Preise an (http://www.prozeus.de/eBusiness/standards/katalogaustausch/cxml/). Der openTRANS-Standard zielt in die gleiche Richtung, ist XML-basiert und kann als Ergänzung zum Katalogaustauschformat BMEcat gesehen werden. Der Umfang von openTRANS beschränkt sich auf zehn Transaktionstypen: Lieferavis, Rechnung, Auftrag, Auftragsänderung, Auftragsbestätigung, Angebot, Wareneingangsbestätigung, Angebotsanforderung, Zahlungsavis und die Rechnungsliste.

RosettaNet ist ein Konsortium von Computer-, Unterhaltungselektronik-, Halbleiter-Hersteller, Telekommunikations- und Logistikunternehmen. Der RosettaNet Dokumentstandard definiert Nachrichten, Geschäftsprozessschnittstellen und Implementierungsrahmen für Interaktionen zwischen Unternehmen. Mit den Partner Interface Processes (PIPs) können sich Handelspartner elektronisch verbinden, um Transaktionen zu verarbeiten und um Informationen innerhalb der erweiterten Supply Chain zu transportieren.

Microsoft BizTalk Server ist ein Enterprise Service Bus. Durch Adaptoren, die speziell darauf ausgelegt sind, in großen Unternehmen zwischen Systemen zu kommunizieren, wird eine Automatisierung von Geschäftsprozessen ermöglicht. Damit gehört dieser Standard in den Bereich des Enterprise Application Integration (EAI) mit dem Ziel, eine Anwendungsintegration in einer heterogenen IT-Landschaft zu ermöglichen. Von den drei Integrationsarchitekturen

- Punkt-zu-Punkt-Integration,
- Bus-Topologie und
- Hub-and-Spokes-Topologie

zählt er zu der Bus-Variante. Im Standardfall tauschen Unternehmen Geschäftsdokumente, wie Bestellungen und Rechnungen, zwischen zwei getrennten Applikationen aus. BizTalk soll hier eine gemeinsame Integration und Verwaltung schaffen und zwar innerhalb einer Organisation sowie über Unternehmensgrenzen hinweg.

4.4 XML/EDI

EDIFACT und XML werden gleichermaßen für den Datenaustausch genutzt. Damit stellt sich die Frage, ob es eine Verbindung oder eine Kombination beider Ansätze gibt. Während der EDIFACT-Standard die Syntax für Nachrichtentypen und ihrem Repository für Elemente und Segmente den Austausch von Geschäftsdaten konkretisiert, müssen für XML diese Einzelheiten erst noch definiert werden. Die XML/EDI-Initiative hat diese Lücke erkannt und die bestehende ANSI X12.Notation genutzt, um sie in eine XML-Semantik zu übertragen. Der Schwerpunkt liegt dabei nicht auf der exakten Transformation der einzelnen Nachrichtentypen, sondern in der Bereitstellung einer strukturierten Umsetzungsmethodik. Diese beinhaltet neben der Konvention zur eindeutigen Namensvergabe auch die Realisierung von Wiederholungen, semantischen Hierarchien und Codelisten. In einer XML-DTD werden dazu Elementgruppen und ihre Attribute definiert, Tag-Bezeichnungen zugewiesen und die Beziehungen zwischen den einzelnen Tags in Form von Hierarchien festgelegt. Für die Zuordnung muss jedem EDIFACT-Element und – Code ein eindeutiger Identifikator/Tag entsprechen. Bei der entsprechenden Vergabe im XML-Kontext spielt neben der Eindeutigkeit auch die Vergabe „sprechender" Bezeichner eine Rolle. Hierfür ist es wichtig, einen Namensraum zu schaffen, der eine strukturierte, methodische Vergabepraxis erlaubt. Damit zeigt sich, dass EDIFACT und XML keineswegs ohne Anpassungsaufwand ineinander überführbar sind. Die Unterschiede zwischen beiden fasst Tab. 4.3 zusammen. Damit wird ersichtlich, dass potenzielle Anwender in der Kombination beider Konzepte nur geringes Potenzial sehen.

Tab. 4.3 XML versus EDIFACT

XML	EDIFACT
generische Auszeichnungssprache für beliebige Anwendungen	Schwerpunkt Geschäftsdatenaustausch
frei definierbare Tags ohne Standardsemantik	normierte Syntax und Semantik
sowohl Mensch-Maschine- als auch Maschine-Maschine-Kommunikation	ausschließlich Maschine-Maschine-Kommunikation
verschiedenste Anwendungsbereiche	Geschäftsprozessorientierung
kostengünstige Basistechnologie	aufwendige Infrastruktur

4.5   Kontrollfragen

1. Welche Probleme existieren sowohl beim Einsatz von EDI als auch bei der Verwendung von XML?
2. Welches sind die besonderen Merkmale von XML?
3. Welche Begleitstandards existieren zu XML?
4. Wie lässt sich EDI in XML überführen? Existiert ein allgemeines Verfahren für die Verbindung?
5. Schätzen Sie den Verbreitungsgrad von XML zum Geschäftsdatenaustausch ein.

Literatur

Gorke B (2006) XML-Datenbanken in der Praxis. Trendwerke, Düsseldorf

Dokumentenerfassung

5

Die zweite Phase des Dokumentenlebenszyklus widmet sich der Bearbeitung der Dokumente. Dabei steht das Bemühen im Vordergrund, die grundsätzliche Dokumentenstruktur zu erkennen. Ziel ist es, die Syntax und den Satzbau nachzuvollziehen, um auf die Bedeutung einzelner Textelemente oder des Satzes zu schließen. Nicht selten muss dafür auch der vorausgegangene oder der nachfolgende Satz zu Rate gezogen werden. Dieser Umstand lässt die Komplexität der notwendigen Verfahren erahnen. Der Grund dieser tiefgreifenden Analyse liegt darin, die Dokumente zielgerichtet den folgenden Verarbeitungsstufen zugänglich zu machen. Wenn möglich, soll die Weiterleitung automatisch ohne Eingriff eines Mitarbeiters erfolgen. Daher stehen in diesem Kapitel die Dokumentenklassifikation und die darauf basierende Datenextraktion mit ihren Verfahren und Methoden im Vordergrund. Ergänzt werden die Ausführungen durch die an Relevanz gewinnende Anwendung des Text Minings.

5.1 Automatische Dokumentenerfassung

Die Grundlage für die Verarbeitung von Papierdokumenten ist ihre Überführung von einem analogen Zustand in ihr digitales Äquivalent. Die Dokumentenerfassung bezeichnet all jene Verfahren, die die Inhaltserkennung und Aufbereitung gescannter Dokumente mit dem Ziel verfolgen, eine digitale Weiterverarbeitung der Dokumente zu ermöglichen. Dieser Prozess kann in drei Einzelkomponenten zerlegt werden (siehe Abb. 5.1).

Dieser Prozess der automatischen Dokumentenverarbeitung bzw. – steuerung wird anhand eingehender Post deutlich. Die Vorbereitungsphase besteht in folgendem Ablauf: Umschläge müssen geöffnet, Dokumente entnommen, geleerte Umschläge kontrolliert, Dokumente anschließend datiert, geheftet und sortiert werden. Der technische Entwicklungsstand erlaubt es, Briefumschläge unterschiedlichsten Formates und Gewichtes zu

© Springer Fachmedien Wiesbaden GmbH, ein Teil von Springer Nature 2019
W. Riggert, *ECM – Enterprise Content Management*,
https://doi.org/10.1007/978-3-658-25923-5_5

Abb. 5.1 Der Erfassungsprozess (Apelt et al. 2013, S. 6)

öffnen und die zuvor manuellen Tätigkeiten zu automatisieren. Dieses ist der erste Schritt
einer digitalen Postbearbeitung.

Die erste Phase wandelt papiergebundene Dokumente in elektronische Schriftstücke
um. In einem weiteren Schritt – der Dokumentenerkennung – werden die nun elektronisch
vorliegenden Dokumente klassifiziert, das heißt einer Dokumentenkategorie hinzugefügt.
Ob es sich bei dem Schreiben um eine Adressänderung, eine Kündigung oder eine Rechnung handelt, wird zuverlässig erkannt. Der letzte Schritt besteht dann darin, für diese
Dokumentenklasse aus dem einzelnen Dokument die nutzbaren Stichworte zu extrahieren.

Posteingang

Eingehende Post wird in unterschiedlichen Formaten empfangen: E-Mail, papiergebundene Briefe, Fax etc. Daraus entsteht das Problem der einheitlichen Handhabung.
Zwar verteilt die Poststelle die papierbezogene Korrespondenz, E-Mails hingegen
werden direkt über IT-Systeme dem Adressaten zugestellt.

elektronische Rechnung

Viele Unternehmen erhalten mehr als 75 % ihrer Eingangsrechnungen per Post. Wenn
auch ein bedeutender Prozentsatz der eingehenden Papierrechnungen vom Empfänger
gescannt wird, so bleibt doch ein beträchtlicher Rest, der erst nach der Bearbeitung,
also zu Archivierungszwecken, digitalisiert wird.

Um den digitalen Posteingang zu verstehen, muss die Unterschiedlichkeit der zu verarbei-
tenden Dokumente bekannt sein. Grundsätzlich lassen sich drei Arten der Dokumentstruktur beim Erfassungsprozess unterscheiden (siehe Abb. 5.2):

- *Unstrukturierte Dokumente* weisen einen Aufbau auf, der keiner Vorlage und keiner
  wiederkehrenden Logik entspricht. Der Inhalt besteht aus beliebigen Informationsobjekten, bei denen Content, Layout und Metadaten nicht getrennt werden. Hierzu gehören Briefe, Beschwerden oder Anschreiben unabhängig davon, ob diese Dokumente
  gescannt oder elektronisch erzeugt wurden. Aus dieser Struktur folgt, dass sie
  maschinell schwer erschließbar sind. Es existieren keine verlässlich wiederkehrenden
  Strukturen, die eine automatische Erfassung ermöglichen.

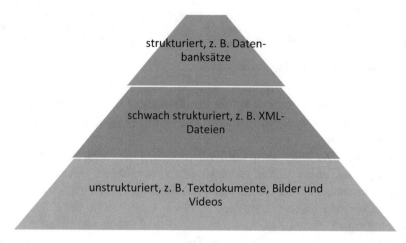

Abb. 5.2 Digitale Datentypen

- *Schwach strukturierte Dokumente* enthalten voraussehbare Daten, allerdings an unterschiedlichen Stellen. Ein Unternehmen kann nicht wissen, wie seine Kunden oder Lieferanten ihre Rechnung mit Anschrift, Rechnungsnummer, Betrag und Datum aufbauen. Derartige Dokumente weisen bestimmte Regeln und Wiederholungsmuster auf, sind aber stets individuell gestaltet und kommen beim Empfänger in vielen Varianten vor.
- *Strukturierte Dokumente* sind in Bezug auf die Position ihrer Elemente vordefiniert. Hierbei handelt es sich üblicherweise um Formulare, bei denen Daten, Spaltenüberschriften oder Layout-Informationen immer am selben Ort erscheinen, z. B. Rezepte oder Überweisungen. Die Bearbeitung strukturierter Dokumente gehorcht formalen Gesichtspunkten und kann über Mechanismen wie Textanalyse oder Klassifikation weitgehend automatisiert werden.

Da das Schriftgut sehr heterogen ist, besteht das Ziel einer Automatisierung des Posteinganges darin, zu entscheiden, zu welchem Thema das Dokument gehört und an wen es weiterzuleiten ist. Dabei gilt: Eine Inhaltserfassung für strukturierte und unstrukturierte Dokumentinhalte muss über verschiedene Eingangskanäle funktionieren, so dass Papierdokumente, Faxdokumente, PDF-Dateien oder – im Falle der Rechnungsverarbeitung – auch elektronische Eingangskanäle basierend auf XML oder EDI verarbeitet werden können, das heißt je weniger Struktur ein Dokument hat, desto intelligenter muss die Software sein, um die verarbeitungsrelevanten Inhalte zu extrahieren.

Ein idealer Ablauf für die automatische Dokumentenerfassung benötigt folgende Schritte (siehe Abb. 5.3):

1. *Dokumentenumwandlung*: Papierdokumente werden durch Scannen in elektronische Bilder umgewandelt. Dazu muss Papier vorbereitet, das heißt entklammert, geglättet,

Abb. 5.3 Klassifikations- und Extraktionsprozess

sortiert und auf den Scanner gelegt werden. Besondere Sorgfalt liegt hierbei auf der
Qualität der Scanner; denn nur qualitativ hochwertige Ergebnisse eignen sich für eine
Weiterverarbeitung.

2. *Texterkennung*: Die Behandlung der Bildinformation mit einem Zeichenerkennungs-
   werkzeug überführt das Bild in ein elektronisch bearbeitbares Dokument. Neben der
   Zeichenerkennung von Maschinenschrift und Blockbuchstaben muss auch die Erkennung von Barcodes unterstützt werden.

3. *Dokumentimport*: Neben Papierdokumenten erhält ein Unternehmen auch elektronische Dokumente wie E-Mails, PDFs oder Textverarbeitungsdateien. In diesem Fall entfallen die vorgenannten Phasen des Scannens und der Texterkennung.

4. *Dokumentenaufbereitung*:

   • *Seitentrennung*:
     Das Scannen von Dokumenten kann nur in Blöcken erfolgen. Die Software muss
     dabei die Möglichkeit bieten zu erkennen, wo ein neues Dokument im Papierstapel
     beginnt. Man spricht hier auch von der sogenannten Dokumententrennung. Die
     Software zur digitalen Dokumentenerfassung ermöglicht dies mittels leerer Seiten
     (normalerweise in Pastellfarben) oder Barcodes.

   • *Bildoptimierung*
     Ein gescanntes Bild kann durch verschiedene Mechanismen bei der elektronischen
     Dokumentenerfassung verbessert werden. Das Verbessern eines gescannten Bildes
     hat den Vorteil, dass das Dokument leichter zu lesen ist, verringert aber gleichzeitig
     auch die OCR-Fehlerrate.

   • *Seiten begradigen*
     Papiergebundene Dokumente werden nicht immer korrekt durch den Vorlagenein-
     zug des Scanners gezogen. Das Ergebnis ist dann ein mehr oder weniger schiefes
     digitales Dokument. Eine Software kann dies automatisch korrigieren oder eine ma-
     nuelle Korrektur anbieten.

   • *Drehung von Seiten*
     In einem Papierdokument werden Seiten oft um ein Viertel oder zur Hälfte gedreht.
     Manchmal geschieht das zufällig. Auch dies kann von einer Software automatisch
     korrigiert werden.

   • *Entfernung von Linien*
     Wenn ein Papierdokument Zeilen enthält z. B. von einem Notizblock, dann können
     diese Zeilen softwareseitig für ein besseres Endergebnis entfernt werden.

   • *Entfernung von Perforationen*
     Perforationslöcher können ebenfalls automatisch entfernt werden.

- *Entfernung leerer Seiten*
  Leere Seiten in einem Dokument können automatisch gelöscht werden.
5. *Klassifikation = automatische inhaltsbezogene Zuordnung von Dokumenten:* Der eigentliche Schritt der Automatisierung verlangt eine Zuordnung der elektronischen Dokumente zu Vorgängen, Abteilungen, Produkten oder Anwendungen, um die automatische Bearbeitung zu initiieren. Vorbereitend hierzu dienen Verfahren, die auf Lerntechniken beruhen. Anhand einer geringen Zahl ähnlicher Dokumente lernt das System die Charakteristiken und geforderten Merkmale des Schriftgutes kennen und kann diese in der Folge auf weitere Dokumente anwenden.
6. *Extraktion:* Mit der Klassifikation ist die Extraktion verbunden, die das automatische Lokalisieren und Auslesen der verarbeitungsrelevanten Informationen umfasst. Beide Schritte stehen in enger Beziehung zueinander: Je präziser sich ein Dokument einem bestimmten Kontext zuordnen lässt, desto exakter lässt sich bestimmen, welche Informationen dem Dokument der Klasse zu entnehmen sind. So sind z. B. die aus einem Antrag zu entnehmenden Daten andere als die zu einer Beschwerde zu einem Produkt. Insbesondere bei der Isolierung von Kunden- oder Produktnummer, die als identifizierender Schlüssel für den Zugriff auf die Einstiegsinformationen gelten, müssen die Extraktionsmethoden verlässlich arbeiten.
7. *Validierung und Verifikation:* Beide Gesichtspunkte dienen der Qualitätssicherung. Nur vollständige und richtige Informationen sollen automatisch an nachfolgenden Anwendungen weitergegeben werden.

Beiden Disziplinen – Klassifikation und Extraktion – liegen Erkennungstechniken zugrunde, die die Informationen aus den gescannten Dokumenten extrahieren können (https://wirtschaftslexikon.gabler.de/definition/optische-zeichenerkennung-44605/version-267911):

- OCR (Optical Charakter Recognition) setzt die Bildinformationen in maschinenlesbare Zeichen um. OCR wird für Maschinenschrift eingesetzt.
- HCR (Handprint Charakter Recognition) ist eine Weiterentwicklung von OCR, die jedoch bei Fließtexten nicht immer zufriedenstellende Ergebnisse liefert.
- ICR (Intelligent Charakter Recognition) gilt als Weiterentwicklung von OCR und HCR, die die Qualität der ausgelesenen Ergebnisse durch Vergleiche, logische Zusammenhänge, Abgleich mit Referenzlisten oder Prüfung gegen vorhandene Stammdaten verbessert.
- OMR (Optical Mark Recognition) liest mit hoher Sicherheit spezielle Markierungen in vordefinierten Feldern aus und hat sich bei Fragenbogenaktionen und anderen Vordrucken bewährt.
- Barcodes, die beim Versenden von Vordrucken und beim Einlesen der Rückläufer automatisiert erkannt und zugeordnet werden.

Alle Arten benötigen einen erheblichen Anteil manueller Nachbearbeitung. So kann es vorkommen, dass in der Schriftart eine 0 (Null) wie ein O (Buchstabe) aussieht oder auf einem gering aufgelösten Faxbild eine 8 (Zahl) in einer kleinen Schriftgröße nicht von einem B (Buchstabe) zu unterscheiden ist. Die Verfahren entsprechen damit nicht dem Ideal eines automatischen Ablaufs. Die erste Präferenz bei der automatischen Erfassung sollte immer der elektronische Dokumenten-/Datenaustausch über FTP (File Transfer Protocol) oder EDI (Electronic Data Interchange) haben. Nur durch diese Verfahren lassen sich Medienbrüche und manuelle Eingriffe vermeiden. Dabei sollte das Ziel weiter als der reine Datenimport gefasst werden. Die Idealvorstellung ist darin zu sehen, die Dokumente mit den erforderlichen Metadaten zu versehen und wenn notwendig in das Archiv zu verlagern.

5.2   Dokumentenklassifikation

Schritt 4 versucht, nach einem vorausgehenden Lernvorgang, Dokumente ohne manuellen Eingriff zu klassifizieren. Voraussetzung ist die Bildung von Dokumentenklassen, die eine Gruppierung von Objekten mit gleichen Attributen und Eigenschaften erlaubt (siehe Abb. 5.4). Leistungsfähige Algorithmen für die Mustererkennung in Kombination mit einer ausgefeilten Kontextanalyse ermöglichen die automatische Einordnung von Dokumenten in zuvor gebildete Kategorien, erstellen Querverweise zu anderen Dokumenten und unterstützen das effiziente Auffinden von Informationen. Schwierigkeiten ergeben sich, wenn ein Dokument mehreren Klassen zugeordnet werden soll. Nicht immer lassen sich Dokumentenklassen ausreichend präzise unterscheiden: „Als Anlage finden Sie die Rechnung mit der Bitte um Zusendung von Informationen zum Produkt". Bildet in diesem Fall die Rechnung oder das Produkt die sinntragende Klasse?

Die genutzten Verfahren lassen sich in mehrere Konzepte einteilen:

- *Template-Klassifikation*: Dieses Konzept wird auf Dokumente angewendet, die im Kopf- und/oder Fußteil statische Elemente aufweisen. Hierunter fallen Standardbriefe, Formulare oder Rechnungen. Diese Form wird anhand von Beispieldokumenten für jede Klasse trainiert.
- *Klassifikation mit assoziativer Suche*: hier werden Dokumente nach inhaltlichen Kriterien analysiert. Dazu werden Textblöcke hinsichtlich der Übereinstimmung mit der jeweiligen Zielklasse assoziativ verglichen. Dabei werden alle vorher definierten Inhalts-

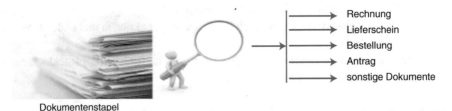

Dokumentenstapel

Abb. 5.4 Klassifikation

felder und Positionen aufgrund vorher definierter Such-Algorithmen und Regeln auf dem Dokument gesucht und ausgelesen. Eine systemgestützte Plausibilitätsprüfung der erkannten Positionen schließt sich an (z. B. Prüfung der Lieferantennummer, Steuerpräferenzen usw.). Alle nicht automatisch erkannten Daten werden anschließend der manuellen Nachbearbeitung zugeführt (Apelt et al. 2013, S. 20).

- *Phrasen-Klassifikation*: Ergänzend zu den lernenden Verfahren kann explizites Wissen auch in Form von feststehenden Phrasen definiert werden. Dies ist der Fall bei stark formalisierter Kommunikation, wenn bestimmte Schlüsselworte oder feststehende Wortfolgen angegeben werden können.
- *Image-Size-Klassifikation*: Viele Dokumente lassen sich bereits anhand ihres Formates einordnen, z. B. Flugscheine, Rezepte oder Bons.

Die automatische Klassifizierung von Dokumenten führt dazu, dass:

1. Dokumente eines bestimmten Typs/einer bestimmten Art automatisch in einen Teil eines vordefinierten Prozesses integriert werden können.
2. Dokumente eines bestimmten Typs/einer bestimmten Art automatisch mit einem Satz von Metadaten versehen werden können.
3. Dokumente (semi-)automatisch an der korrekten Stelle archiviert werden können. Eine Akte wird oft in Unterakten unterteilt, die Dokumente einer bestimmten Dokumentenart enthalten.

Das bedeutet, dass durch die automatische Klassifizierung Möglichkeiten entstehen, die zu weniger manuellen Tätigkeiten und einer besseren Auffindbarkeit von Dokumenten führen. Die Klassifizierung von Dokumenten kann auch genutzt werden, um die Informationssicherheit zu erhöhen. Beispielsweise kann eine Sicherheitsklassifikation (in Form von Metadaten) an einen bestimmten Dokumenttyp gehängt werden, wodurch dem Dokument im Dokumentenmanagementsystem eine spezielle Sicherheitsstufe zugewiesen wird.

5.3 Datenextraktion

Nachdem eingehende Dokumente erfolgreich einer Klasse zugeordnet sind, muss im nächsten Schritt (Schritt 5) ihr Inhalt analysiert werden. Dazu dient die Extraktion (siehe Abb. 5.5). Die am weitest verbreitete Methode der Inhaltsprüfung ist die Formatanalyse. Ein Feldtyp, wie z. B. das Datum, wird in einer vorgegebenen Dokumentenzone gesucht, wobei die Zone auch das gesamte Dokument umfassen kann. Mittels optischer Zeichenerkennung wird versucht, eine Struktur zu erkennen, die zu einer Datumsangabe passen kann. Vielfältige Parameter steuern diesen Suchprozess. So kann angegeben werden, ob sich die Formatangabe auf die amerikanische Schreibweise, die deutsche oder eine beliebige beziehen soll. Weitere anwendungsspezifische Datentypen wie Bestell- oder Rechnungsnummern werden typischerweise mithilfe regulärer Ausdrücke modelliert.

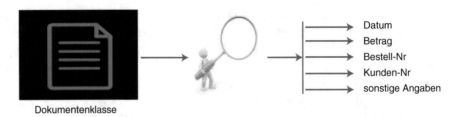

Abb. 5.5 Extraktion

Der Kern dieser Konzepte beruht auf den Prinzipien zur Informationstheorie von C. Shannon, dem Bayes'schen Theorem der Wahrscheinlichkeitstheorie und den neuesten Erkenntnissen aus dem Bereich der neuronalen Netze. Anhand dieser Techniken werden Textmuster identifiziert, um sie dann in anderen Quellen schnell und automatisch wiederzuerkennen. Doch damit nicht genug: Letztlich ist es das Ziel, die Kernaussagen eines Textes aufgrund der Häufigkeit und der Beziehungen der Begriffe zueinander zu ermitteln. Auf diese Weise wird die digitale Essenz eines Dokumentes, die ihm seine Bedeutung verleiht, extrahiert. Sobald der unverwechselbare Fingerabdruck der Kernaussage vorliegt, können Websites, Nachrichten-, E-Mail- und Dokumentenarchive nach sinnverwandten Inhalten durchsucht werden.

Algorithmen, die nicht nach Stichwörtern suchen, sondern sich an thematischen oder inhaltlichen Mustern orientieren, leiten die Idee oder den intellektuellen Gehalt durch das Muster der Begriffe und der kontextuellen Beziehungen ab. Dabei ist das Muster selbst nicht von spezifischen sprachlichen Strukturen oder der Semantik abhängig und wird daher auch nicht von umgangssprachlichen Varianten oder grammatikalischen und regionalen Feinheiten verfälscht. Da die Algorithmen immer kontextbezogen arbeiten, wissen sie, ob ein Benutzer, der nach „Hamburger" fragt, Informationen zu den Einwohnern der Stadt oder über das Produkt der Gastronomie anfordert. Sie können aber auch dazu dienen, um automatisch Dokumente nach Kategorien zu ordnen. So kann z. B. ein Algorithmus für News eingehende Nachrichten entgegennehmen und sortieren. Probleme entstehen dann, wenn Klassen hierarchisch angeordnet sind oder wenn Muster mehreren Klassen zugeordnet werden können. In diesen Fällen kann die Treffsicherheit erheblich leiden.

Ein häufig auftretendes Problem ist die Bestimmung der Relevanz eines Dokumentes für eine Abfrage. Hier leistet die Theorie Shannons Hilfe, die besagt, dass eine Kommunikationseinheit – also etwa ein Ort oder Satz – umso mehr Informationsgehalt besitzt, je weniger sie auftritt. Begriffe, die im Kontext einer Unterhaltung selten vorkommen, tragen also mehr Bedeutung. Ansatzweise lässt sich diese Aussage durch den hohen Redundanzgehalt natürlicher Sprachen verifizieren. Eine Unterhaltung lässt sich häufig auch dann verfolgen, wenn viele Geräusche einige Wörter unverständlich erscheinen lassen. Gleiches gilt für das Lesen von Zeitungsartikeln. Oftmals wird der Sinn schon durch „Überfliegen" des Textes erfasst.

Wo die automatische Dokumentenklassifizierung ein Dokument einer bestimmten Kategorie zuordnet, isoliert die Datenextraktion exakt Informationen aus einem Dokument dieser Klasse. In der Chemie bedeutet Extraktion, dass eine bestimmte Substanz aus einem bestimmten Material entfernt und dann in eine nächste Phase überführt wird. Das ist genau der Ansatz, den die Datenextraktion mit Dokumenten und Informationen versucht nachzubilden. Die Information wird aus dem Dokument herausgezogen, um sie dann an ein weiteres System und/oder einen bestimmten Geschäftsprozess weiterzuleiten.

Die Skizzierung dieses idealtypischen Ablaufs zeigt, dass der Festlegung von Dokumentenklassen eine besondere Rolle zukommt. Dokumentenklassen werden auf der Grundlage von Geschäftsprozessen oder ihrer IT-technischen Abbildung in Workflows definiert. Neben dem reinen Erkennen der Zeichen ist es demzufolge notwendig, die Art und Struktur des zugrundeliegenden Dokumentes zu berücksichtigen. Einzelne Dokumententypen lassen sich anhand ähnlicher Textpassagen einer Klasse zuordnen, andere Zuordnungen basieren auf Layoutmerkmalen, Formularkennzeichen oder Dokumentengröße. Als Ordnungsschema dient ein Klassifikationsbaum, der z. B. die Organisation eines Unternehmens und die dabei zu berücksichtigenden Dokumentenklassen in einer hierarchischen Abbildung widerspiegelt.

Alle Konzepte sind das Ergebnis der Unzulänglichkeit herkömmlicher Verfahren:

- Die Stichwortsuche führt häufig zu einem Informationsüberfluss. Obwohl Dokumente identifiziert werden, in denen der Suchbegriff vorkommt, sind sie nicht in der Lage, die Relevanz des Dokumentes abzuschätzen. Das Problem der Suchstrategie besteht darin, dass sie auf der Annahme basiert, dass ein Begriff, der in einem Dokument besonders häufig auftaucht, auch besonders relevant für die Suche sein muss. Der folgende Satz liefert hierfür ein Beispiel: „Kürzlich war ich abends auf der Straße. Es war eine lange Straße ... und bei der Einmündung in eine weitere Straße entdeckte ich eine Polizeistreife." Obwohl das Wort Straße hier dreimal vorkommt, hat der Sinn mehr mit der Entdeckung der Polizeistreife zu tun.
- Bei der kollaborativen Filtertechnik werden persönliche Informationen aus dem Vergleich von Formularen zusammengestellt, die der Benutzer ausfüllen muss. Dieses Vorgehen ist aus dem Internet bekannt und Teil der Portale, die den Benutzer bei wiederholtem Besuch der Website persönlich ansprechen und Empfehlungen machen. Folgendes Beispiel zeigt das grundsätzliche Verfahren:
  - Michael nennt: Elvis – Buddy Holly – Little Richard
  - Hans nennt: Jimmy Hendrix – James Brown – Aretha Franklin
  - Egon nennt: Elvis – Jerry Lee Lewis – Little Richard

Der automatische Vergleich der Angaben stellt fest, dass die Aussagen von Michael und Egon Ähnlichkeiten aufweisen. Michael erhält den Vorschlag Jerry Lee Lewis auszuprobieren, Egon wird auf Buddy Holly verwiesen. Diese Technik arbeitet nur mit einem beschränkten Satz von Artikeln (z. B. Musik, Bücher). Für Online-Dienste, die aktuelle Informationen oder Artikel zum Kauf anbieten, eignen sie sich nur bedingt, weil die Themenkreise zu unterschiedlich und zu breit gefächert sind. Außerdem haben die Benutzerwertungen keinen zusätzlichen Informationswert, der über die unmittelbare Auswahl hinausgeht. Bei wachsenden Benutzerzahlen treten zudem Skalierungsprobleme auf, da sich ein aussagekräftiger multidimensionaler Vergleich als sehr aufwändig erweist.

- Wechselnde semantische Bedeutungen erschweren das Verständnis von Zusammenhängen und führen oft zu Fehlinterpretationen bei maschinellen Analysen. Der Versuch, durch grammatikalische Regeln oder Wortlisten den Sinn von Aussagen zu erkennen, führt nicht immer zum gewünschten Erfolg. Die Grenzen des Ansatzes, insbesondere bei der Auflösung von Mehrdeutigkeiten, zeigen folgende Beispiele:

„Der Hund setzte sich auf den Teppich; er war weiß."

Hier ist unklar, worauf sich „weiß" bezieht; auf den Teppich oder den Hund. Würde der zweite Halbsatz „er fing an zu bellen" oder „er war voll von Sitzkissen" lauten, bestünden für einen Leser keine Verständnisprobleme, für einen Rechner aber durchaus.

„Fliegen, das ist allgemein bekannt, können schneller fliegen als Bienen."

Die Nutzung des Wortes „Fliegen" als Subjekt und als Verb kann möglicherweise geklärt werden. Wie verhält es sich aber mit dem Wort „das", das sich auf etwas Abstraktes bezieht?

„Der Präsident benutzte für sein Treffen mit dem französischen Außenminister eine Limousine."

Da die relative Bedeutung von stichwortbasierten Konzepten nicht erkannt wird, kommen dort den Begriffen Präsident, Außenminister und Limousine das gleiche Gewicht zu. Die Bedeutung der einzelnen Stichworte hängt aber stark vom Zusammenhang ab. Erschwerend kommt hinzu, das alle derartigen Konzepte sprachspezifisch sind und dass die Abhängigkeit von der Grammatik eine Berücksichtigung der Umgangssprache oder von unkorrektem Sprachgebrauch nicht zulässt. Daraus resultiert die Überlegenheit der neuen auf der Mustererkennung beruhenden Technologien.

Wie arbeitet eine Textextraktion nun konkret? Beim Lesen einer Rechnung – wie geht ein Mensch dabei vor? Woran erkennt er einen bestimmten Lieferanten? An welcher Stelle eines Formulars stehen die relevanten Informationen? Ein Mensch kennt die typischen Positionen, an denen sich Anschrift oder Rechnungsnummer befinden. Ferner erkennt er die Art der Information intuitiv anhand von Formatierungen oder Schlüsselworten. Diese menschliche Vorgehensweise versuchen neuere Verfahren zu imitieren. Mit der Klassifikation ist das erste Teilziel einer automatischen Dokumentenverarbeitung erreicht, nämlich die Zuordnung des Dokumentes zu inhaltlich gleichen Dokumenten. Die nächste Automatisierungsstufe besteht darin, alle bearbeitungsrelevanten Informationen aus dem Dokument zu extrahieren. Grundsätzlich wird zwischen regelbasierten, statistischen und lernenden Ansätzen unterschieden.

- *Das regelbasierte Verfahren* ist das bekannteste Konzept und nutzt wiederkehrende strukturelle Merkmale. Logisch formulierte Regeln in Gestalt regulärer Ausdrücke extrahieren ein sinntragendes Element. Die Regeln enthalten Schlüsselbegriffe wie „Rechnung" oder „Quittung". Auf diese Weise lassen sich z. B. buchhalterische Belege einfach beschreiben. Vereinfachend kommt hinzu, dass die Lage der zu isolierenden Begriffe oft bekannt ist. So weisen auf einer Rechnung der Mehrwertsteuerbetrag und die Rechnungssumme erwartungsgemäß eine Nachbarschaft auf. Dieses Verfahren besitzt einige Vorteile. Insbesondere eine hohe Klassifikationsqualität, eine Effizienz in der Anfangsphase und die Möglichkeit einer manuellen Anpassung stechen hervor. Bei unbekannten oder häufig wechselnden Textstrukturen ist dieses Verfahren hingegen wenig hilfreich, weil die Regeldefinition aufwändiger als eine manuelle Extraktion sein kann.

- *Statistische Verfahren* arbeiten grundsätzlich anders als die regelbasierten Methoden. Ein Verfahren dieser Klasse ist die aus dem Information Retrieval bekannte Vektorraum-Methode, bei der die Klassenzugehörigkeit über Vektoren bzw. mittels der Ähnlichkeit von Dokumenten zum Referenzvektor ermittelt wird. Die Ähnlichkeit – definiert über die Anzahl gleichlautender Indizes – erlaubt die Bildung von Clustern. Eine große Herausforderung besteht darin, dass diese Ansätze eine Lernphase benötigen. Mit einer Auswahl an Inhalten wird das System auf bestimmte Inhaltstypen vorbereitet. Daher besitzt die verwendete Lernmenge einen großen Einfluss auf die Wörter, die das Verfahren erkennen muss, um den entsprechenden Dokumententypen zuordnen zu können. Um die Treffsicherheit zu erhöhen, werden oftmals linguistische Module genutzt, die durch Stoppwort- und Synomymlisten den Wortschatz reduzieren und zu einer präziseren Klassifikation beitragen. Ein weiteres Mittel der Präzisionsförderung ist die Einbeziehung der Textstruktur, also die Bewertung der Rolle von Überschriften, Fußnoten oder Glossaren. Hieraus lässt sich erkennen, dass für umfangreiche Texte eine Vorbehandlung unabdingbar ist. Der Nachteil dieses „Pre-Processings" besteht in der Reduktion der syntaktischen und semantischen Vielfalt, so dass die Ergebnisqualität leidet. Die wichtigsten Pre-Processing-Verfahren sind in Tab. 5.1 aufgelistet.

Tab. 5.1 Pre-Processing-Verfahren

Verfahren	Beschreibung
Textfilterung	Entfernung von Zeichen und Wörtern aus dem Dokument
Stemming	Reduktion von Wörtern auf den Wortstamm
Lemmatisierung	Ersetzung gebeugter Wörter durch ihre Grundform
Disambiguierung	Auflösung von Homonymen
Anaphorenauflösung	Ersetzung von Pronomen durch ihr Bezugswort
Part-of-Speech Tagging	Zuordnung der entsprechenden Wortart

- *Lernende Konzepte* kommen ohne Menschen nicht aus. Sie benötigen ausgesuchte Dokumente als Lernmenge und versuchen, durch Clusteranalyse Zusammengehöriges einander zuzuordnen. Lernende Systeme passen Begriffe in ihrer Bedeutung anhand der Merkmalsgewichtung gemäß der statistischen Maße des Information Retrievals an. Aussagen, die im ursprünglichen Text vorkommen, aber in den weiteren Quellen nicht mehr auftreten, können dann eine geringere Bedeutung erhalten oder fallen ganz heraus. Das Nachtrainieren ist besonders dann wichtig, wenn neue Begriffe und Konzepte hinzukommen. Nur durch ständige Anpassung lässt sich die Treffsicherheit verbessern und erhöhen. Da ein Cluster über seine Dokumente definiert wird, ändert sich ein Cluster während der Bearbeitung der Dokumente. Diese Flexibilität birgt eine Gefahr: Wenn die Kategorien zu dynamisch auf Veränderungen reagieren, können ganze Cluster plötzlich verschwinden, andere bisher Unbekannte aber auftauchen und die gesamte Ordnungsgrundlage zerstören.

Zusammenfassend lässt sich feststellen, dass

1. Mitarbeiter Texte manuell erfassen, durchlesen, mit Kommentaren versehen und anschließend bestimmten Kategorien zuordnen können. Dieser Ansatz ist sehr präzise, nimmt aber viel Zeit und Ressourcen in Anspruch und ist vor diesem Hintergrund kaum praktikabel,
2. ein zweiter Weg in einer automatisierten Statistiklösung besteht. Dabei werden oft nur Worthäufigkeiten und Ähnlichkeiten zu verwandten Begriffen berücksichtigt. Die Mehrdeutigkeit von Begriffen oder Verkettungen gehen verloren. Um diesen Mangel zu beheben, können Regelwerke definiert werden, deren Pflege sich allerdings als sehr aufwändig gestaltet. Dazu werden alle relevanten Wortkombinationen berücksichtigt, anstatt sich auf vorab definierte Stichwörter oder Metainformationen zu beschränken. Weiterhin werden durch Stopp- und Startlisten das Fachvokabular gesteuert, Wörter zu Wortstämmen verdichtet, Entitäten wie Produkte oder Firmennamen extrahiert und signifikante Wortkompositionen erkannt,
3. ein letztes Konzept auf verfeinerten statistischen Methoden wie Bayes'schen Netzen oder neuronalen Netzwerken beruht. Obwohl diese Verfahren sehr effektiv arbeiten, stehen sie in dem Ruf, hochkomplizierte „Black Boxes" zu sein, für deren Verständnis und Funktionsweise es besonderen Wissens bedarf.

Klar bleibt das Ziel der Dokumentenanalyse: Ähnliche Dokumente sollen in eine gemeinsame Klasse gruppiert werden. Die Dokumente jeder Klasse sollen dabei Ähnlichkeiten aufweisen, um versteckte Gemeinsamkeiten zu erkennen, einen Überblick über die Dokumente eines Wissensgebietes zu erlangen oder ähnliche Informationen zu finden. Dieser Prozess erhöht die Trennschärfe des Suchprozesses für die Dokumente innerhalb einer Kategorie dadurch, dass diese sich einander sehr ähnlich sind, die Dokumente außerhalb der Kategorie aber eine maximale Unterscheidbarkeit zulassen. Kritischer Aspekt dieser Idee ist die Festlegung des Ähnlichkeitsmaßstabes. Eine einfache Möglichkeit wäre die, den Grad der Übereinstimmung einzelner Worte zu prüfen. Eine Alternative bestände in der semantischen Analyse der Dokumente, um konzeptionelle Gemeinsamkeiten zu entdecken. Ein weiterer Ansatz versucht, eine Gruppe von Worten zu extrahieren, die in kurzem Abstand zueinanderstehen. Insgesamt zeigt sich die Wortanalyse als schwieriger Vorgang.

Ähnlichkeitsbeispiele

Welche Schwierigkeiten bei einer Dokumentenanalyse auftreten können, verdeutlicht das folgende Beispiel. Der Erkennungsvorgang richtet sich auf drei Gruppen:

* Namen von Personen, Organisationen oder Orten,
* Abkürzungen,
* Datum oder Währungseinheit.

Alle Namen, die zur gleichen Kategorie gehören, sollen als solche erkannt werden. Unabhängig vom Ausdruck „Präsident Clinton", „Mr. Clinton" oder „Bill Clinton" muss stets auf die gleiche Person verwiesen werden. Neben diesem Problem existiert die Frage des Umgangs mit zweideutigen Varianten. Bedeutet IRA nun die Abkürzung für Irisch-Republikanische Armee oder der weibliche Vorname? Auch die Unterscheidung von potentiellen Stoppwörtern als Namensbestandteil bereitet Schwierigkeiten. Das Wort „und" kann zwei Begriffe verbinden (Spanien und England), kann aber auch zu einem Namen selbst gehören (Ministerium für Bildung, Wissenschaft und Technologie). Abkürzungen bereiten ähnliche Probleme wie Namen. Die Extraktion soll erkennen, dass „EEPROM" das gleiche meint wie „electrically erasable PROM" und auf „electrically erasable programmable read-only memory" verweist.

Die umfassendste Kategorie potentieller Missverständnisse dürfte der nicht in diese beiden Klassen fallende Teil sprachlicher Verkürzungen sein. So können Zahlen ausgeschrieben werden oder als Ziffern erscheinen. Gleiches gilt für Datumsangaben, die Formen wie 27.3.2018, 27. März 2018, 27 März 18 oder morgen bzw. vor einem Jahr annehmen können. Aber auch Währungsangaben können sehr unterschiedliche Ausprägungen annehmen: 27,00 €, € 27 oder siebenundzwanzig Euro.

Eingangsrechnung

Bei Eingangsrechnungen kann die Erfassung den Bezug einer Bestellung zu einem Rechnungsbetrag herstellen. Mit dieser Informationen und einem Regelwerk ist es dann möglich, automatisch den zuständigen Mitarbeiter zur Rechnungsfreigabe zu ermitteln und diesem die Rechnung direkt in seinen elektronischen Postkorb zu legen. Eine beim papierbasierten Verfahren teilweise aufwändige manuelle Prüfung durch Mitarbeiter in der Finanzabteilung kann auf diese Weise entfallen.

5.4   Text-Mining

Im Gegensatz zu Computern ist es für den Menschen recht einfach, Texte zu lesen und zu verstehen. Sollen Texte dagegen softwaretechnisch analysiert werden, stellt sich dies als anspruchsvolle Aufgabe dar, die der Kombination von (computer-)linguistischen und statistischen Methoden bedarf. Text Mining hat die Verarbeitung und Analyse von Dokumenten zum Inhalt, um mittels linguistischer und statistischer Verfahren Muster und unbekannte Informationen aus Dokumenten oder natürlich-sprachlichen Quellen zu erschließen und für den Nutzer visuell aufzubereiten.

▶ *Text Mining* ist ein Bündel von Analyseverfahren zur Entdeckung von Bedeutungsstrukturen aus wenig- oder schwachstrukturierten Texten. Mit statistischen und linguistischen Mitteln erschließt Text-Mining-Software aus Texten Strukturen, die die Benutzer in die Lage versetzen sollen, Kerninformationen der verarbeiteten Texte schnell zu erkennen (https://de.wikipedia.org/wiki/Text_Mining).

Die automatisierte Verarbeitung von Textdaten ist sehr komplex. Texte sind meist unstrukturiert. Dies hat zur Folge, dass sie strukturiert und auf wesentliche Aspekte reduziert werden müssen. Die Herausforderung des Text Minings liegt dabei darin, die in einem Text sprachlich wiedergegebene Information für die maschinelle Analyse zu erschließen, das heißt beim Text Mining ist eine zusätzliche linguistische Datenaufbereitung erforderlich, um die fehlende Datenstruktur zu rekonstruieren.

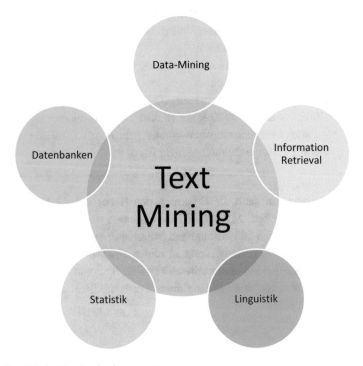

Abb. 5.6 Text Mining-Technologien

Text Mining beruht auf mehreren Basistechnologien (siehe Abb. 5.6).

Diese Zusammenstellung verdeutlicht, dass Text Mining aus einer Gruppe verwandter, aber unterschiedlicher Disziplinen hervorgeht. Das Ziel, Texte derart zu analysieren, das Worte extrahiert, Dokumente klassifiziert und Cluster gebildet werden können, gestaltet sich damit zu einem komplexen aus mehreren Phasen bestehenden Prozess. Dieser (oft iterative) Prozess des Text Minings wird nachfolgend veranschaulicht: https://gi.de/informatiklexikon/text-mining/.

1. *Aufgabendefinition* beschreibt die Festlegung der Problemstellung und das Ableiten der Text-Mining-Ziele.
2. *Dokumentselektion* identifiziert die für die Zielstellung relevanten Dokumente. Hierzu kann eine Dokumentensammlung von Nutzen sein, welche verschiedene Dokumenttypen (z. B. E-Mails, Formulare, Berichte) aus verschiedenen Quellen zusammenführt.
3. *Dokumentaufbereitung* beschreibt eine Textvorbereitung, die dazu dient, Merkmale zu extrahieren, die Dokumente repräsentieren zum Beispiel Indexe. Ein solcher Term kann nur aus einem Wort bzw. Wortstamm bestehen, aber auch aus mehreren zusammengesetzten Wörtern, die zusammen eine bestimmte Bedeutung haben: z. B. „Text Mining“. Zur Term-Extraktion können viele Techniken mit linguistischem Bezug zum Einsatz kommen.
4. *(Text) Mining-Methoden* entsprechen vielfach den klassischen Data-Mining-Verfahren. Texte können automatisch vorgegebenen Kategorien zugeordnet werden (Klassifikation) oder sie können so gruppiert werden, dass ähnliche Texte zusammengeführt werden (Segmentierung oder Clustering). Ebenso kann das gemeinsame Auftreten von Termen analysiert werden (Abhängigkeitsanalyse).
5. *Interpretation und Evaluation der Ergebnisse* beschäftigt sich mit dem Filtern und der Bewertung handlungsrelevanter Text-Mining-Ergebnisse.
6. *Anwendung der Ergebnisse* richtet sich an Bereiche, in denen viele Dokumente vorliegen und in denen Wissen eine große Rolle spielt. Hierzu zählt z. B. die Mitbewerberanalyse, bei der versucht wird, durch Analyse vielfältigster (Text-)Informationen möglichst frühzeitig neue Kunden-, Konkurrenz- und Marktentwicklungen aufzudecken.

Betrachtet man Text Mining von der Ergebnisseite, so stehen die oben erwähnten Ziele im Vordergrund (siehe Abb. 5.7).

Aufgrund von zwei Faktoren lässt sich für Text Mining ein großes Potenzial vermuten: Auf der einen Seite liegt ein Großteil der Informationen in Form von Textdokumenten vor, auf der anderen Seite wird Wissen über Kunden, Märkte und Wettbewerber ein immer bedeutenderer Wettbewerbsfaktor für Unternehmen. Vor diesem Hintergrund kann eine Erweiterung der Analysebasis um Textdokumente von großem Nutzen sein.

Ein zentraler Anwendungsbereich ist das inhaltliche Strukturieren und Erschließen bereits vorhandener Kundenkorrespondenz. Dokumente, die auf Grund ihrer Wortkonzepte als ähnlich erkannt werden, fasst die Lösung in Gruppen zusammen und benennt für jede Gruppe einen sie kennzeichnenden Begriff.

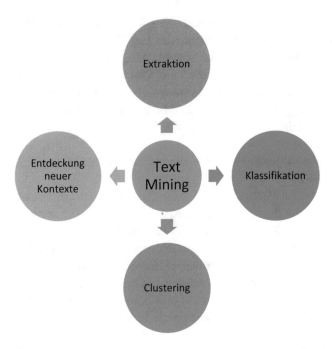

Abb. 5.7 Text Mining-Ziele

Text-Mining-Anwendungen

Ein Automobilhersteller nutzt Text Mining, um Kunden-E-Mails, Call-Center-Aufzeichnungen und Werkstattberichte hinsichtlich Qualitätsmängel seiner Fahrzeuge auszuwerten. Entsteht dabei eine Sammlung von Dokumenten mit unbeachteten Fehlerkonstellationen oder nimmt die Klasse „Schaden" schnell an Umfang zu, deutet dies auf mögliche Qualitätsprobleme hin. Die Verknüpfung der Meldungen mit Vertriebszahlen, Ersatzteilcodierungen oder Zulieferdaten erlaubt eine genauere Analyse.

Ein weiteres Anwendungsgebiet ist das selbständige Zuordnen neuer Dokumente in definierte Gruppen. Auf der Basis einer vorab festgelegten Sortierung von Texten in Klassen lernt Text Mining, ein Dokument dem „richtigen" Stapel zuzuweisen. Gerade für Helpdesks ergibt sich ein enormes Potenzial, wenn E-Mails vorsortiert und bereits mit Vorschlägen versehen werden können. Diese basieren auf einer logischen Verbindung zur Fehlerdatenbank, so dass automatisch Antwortentwürfe generiert werden können.

Ein anderes Anwendungsbeispiel betrifft den Servicedesk, bei dem frühzeitig aus dem Text der Fehlermeldung das Problem erkannt und die Meldung dem entsprechenden Mitarbeiter zugewiesen werden kann.

Textuelle Daten können bei der Prozessausführung helfen, den richtigen Prozessverlauf zu finden. Dabei können etwa Onlineshops Produktbewertungstexte nutzen, um Produktauswahlprozesse beim Kunden besser zu unterstützen. Dadurch können etwa

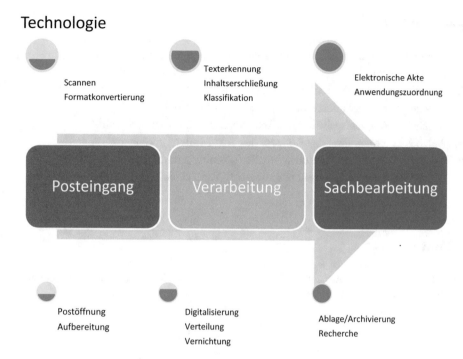

Abb. 5.8   Vollständiger Dokumentenerfassungsprozess (Apelt et al. 2013, S. 6)

kostspielige Retouren gesenkt werden. Auch in Prozessen, die sehr textlastig sind, wie z. B. im Beschwerdemanagement, können textuelle Informationen genutzt werden, um den Prozess effizient zur Laufzeit zu steuern.

Den Verlauf und das Ergebnis des Erfassungsprozesses spiegelt Abb. 5.8 wider.

5.5   Trend

Die Erschließung von textuellen Informationen in Dokumenten wie Briefen, E-Mails oder Dokumentationen und Prüfberichten wird immer bedeutsamer. Denn in diesen Textdaten sind wertvolle Informationen enthalten, die eine formale Prozessbeschreibung bisher nicht im Detail enthält. Diese Einschränkung kann mit Text Mining überwunden werden. So können Ergebnisse in Textform dazu verwendet werden, modellierte oder implementierte Prozesse hinsichtlich ihrer Modellierungsgenauigkeit zu überprüfen. Dadurch können nicht gewünschte Prozessvarianten reduziert und frühzeitig angepasst werden. Ausgeführte Prozesse, die völlig konträr zu den definierten (textuelle) Anforderungen sind, können damit fast der Vergangenheit angehören.

5.6 Kontrollfragen

1. Weisen Sie den unterschiedlichen Dokumententypen (gegliedert nach Struktur) jeweils ein Beispiel zu.
2. Wie wirken Klassifikation und Extraktion zusammen?
3. Welche Schritte erfordert eine Dokumentenaufbereitung?
4. Welche Schwächen weisen statistische Verfahren der Extraktion auf?
5. Welches Potenzial lässt das Konzept des Text Minings erkennen?
6. Welche Basistechnologien fließen in Text Mining zusammen?
7. Welche Verfahren kennt das Pre-Processing von Texten?

Literatur

Apelt R, Auffarth J, Klug A, Panitz P, Pichler M, Wohlfahrt G (2013) Leitfaden Document & Data Capture. Bitkom, Berlin

Dokumentenmanagement

6

Das Dokumentenmanagement hat sich im Laufe der Zeit stark gewandelt. Stand zunächst die reine Verwaltung in Form einer Erweiterung der Möglichkeiten der Betriebssystemfunktionen im Mittelpunkt, erscheinen heutige Systeme um vielfältige Aspekte ergänzt. Dazu zählen Workflows, elektronische Signaturen, virtuelle Akten oder Wissensmanagement. Dieses Kapitel zeichnet ausgehend von den Kernfunktionalitäten und den Informationsarten diese Entwicklung nach.

6.1 Dokumentenmanagementsysteme

Daten sind nicht gleich Daten. Die Art, wie sie in Unternehmen benötigt werden, bestimmt ihren Wert. An erster Stelle stehen unternehmenskritische Daten. Sie müssen ständig verfügbar sein, um Geschäftsprozesse zu jeder Zeit von jedem Ort zu unterstützen. Am Ende der Wertskala stehen unkritische Daten, die nur noch aus rechtlichen Gründen aufbewahrt werden müssen, aber für den eigentlichen Geschäftsablauf keine Bedeutung mehr besitzen. Doch auch im zeitlichen Verlauf ist der Wert der Daten nicht konstant: Daten haben einen individuellen Lebenszyklus, der sie zum einem Zeitpunkt extrem wertvoll, zu einem anderen nur noch als Ablage erscheinen lassen. Gekoppelt mit dem Merkmal Zeit wächst auch das Merkmal Umfang.

Um die ständig wachsende Informationsflut in der betrieblichen Informationsverarbeitung zu bändigen, müssen Daten schnell und unproblematisch bearbeitet, weitergegeben und entsprechend ihrer Bestimmung verwaltet und archiviert werden. Überall ist es aber das Papier bzw. sein Weg durch das Unternehmen, das bzw. der das Tempo, Qualität und Kosten der Verarbeitung bestimmt. Diese Dominanz des Papiers als Trägermedium für Informationen ändert sich nur sehr langsam. Zwar ist sein Anteil rückläufig, die herausragende Rolle des Papiers als Medium der Arbeitsorganisation bleibt in naher Zukunft

© Springer Fachmedien Wiesbaden GmbH, ein Teil von Springer Nature 2019
W. Riggert, *ECM – Enterprise Content Management*,
https://doi.org/10.1007/978-3-658-25923-5_6

jedoch unangetastet. Erschwerend kommt ein weiterer Trend hinzu. Ein Großteil der kritischen Information liegt voraussichtlich als E-Mail vor. Diese sind wie Briefe oder Schriftstücke in Faxformat gleichwertige Dokumente mit voller kaufmännischer Relevanz. Ihr Vorteil ist, dass sie im Unterschied zu Schriftstücken digital existieren und in der Regel direkt einem Mitarbeiter zugeordnet sind.

Dennoch: Dokumentenmanagement als eines der Lösungskonzepte zur Eindämmung der Papierlawine bedeutet nicht das Wiederbeleben der alten Vision vom papierlosen Büro, sondern verfolgt das Ziel, die Probleme papiergebundener Vorgänge und Informationen zu mildern. Damit wird es zur Schaltzentrale für die Erstellung, Verteilung und Archivierung jeglicher Art von Vorgängen. Viele Aufgaben des klassischen Dokumentenmanagements beziehen sich auf operative Geschäftsprozesse: Funktionen wie Scannen, Weiterleiten an Arbeitsplätze und Belegarchivierung unterstützen die Abwicklung des Tagesgeschäftes. Die hierfür eingesetzten Systeme sind auf die Steuerung des Dokumentenflusses und die Verwaltung des Dokumentenlebenszyklus ausgerichtet. Entscheidungsträger stellen häufig weitere Anforderungen:

- Langfristige Sammlung und Verfügbarkeit entscheidungsrelevanter Dokumente wie Projektberichte oder Marktanalysen.
- Organisation der Dokumentensammlung nach unternehmensbestimmenden Sachverhalten wie Produkte, Filialen oder Zeitspanne.
- Suche und Relevanzbewertung im Kontext der Entscheidungssituation.
- Verknüpfung mit quantitativen Informationen wie Umsatzkennzahlen, Absatzzahlen oder Marktanteilen.

Mit einem Dokumentenmanagementsystem lassen sich digitale Dokumente verwalten.

▶ Ein Dokumentenmanagementsystem dient zur Organisation und Koordination der Entwicklung, Verarbeitung, Überwachung und Verteilung von Dokumenten aller Art über ihren gesamten Lebenszyklus von ihrer Entstehung bis zu ihrer Vernichtung (Bitkom 2016, S. 8).

Zwischen diesen Etappen liegen Kontroll-, Steuerungs- und Weiterleitungsfunktionen. Die Erschließung des Dokumenteninhaltes, seine vorübergehende Speicherung, die gesetzlich vorgeschriebene Langzeitarchivierung, die Bearbeitung, der Ausdruck und die Übermittlung an andere an der Bearbeitung beteiligten Organisationseinheiten oder Mitarbeiter werden durch die „sieben Vs" beschrieben: Verarbeiten, Verwahren, Verhindern, Verfügen, Verändern, Verwalten und Vernichten. Eine Information entsteht, wird archiviert, muss vor unberechtigtem Zugriff geschützt werden, soll wiedergefunden, kann bearbeitet, muss gepflegt und verwaltet werden, um zu einem festgelegten Zeitpunkt gezielt gelöscht zu werden.

Unabhängig vom Ziel stehen alle schriftlichen Unterlagen mit anderen Objekten der Geschäftätigkeit in Verbindung: mit Bearbeitern und deren Vertretern, mit anderen

Dokumenten oder Kunden und Lieferanten. Ein ideales Dokumentenmanagement unterstützt alle diese Schritte: jedes Schriftstück mit allen relevanten Zusatzinformationen zu erfassen, in elektronische Objekte zu verwandeln, mit einem Index zu versehen und an die autorisierte Endstation zu verteilen. Ob als Basis eine Datei, ein Datensatz oder ein Verweis dient, ist für den Anwender unerheblich. Diese Möglichkeiten verändern aber die Anforderungen an die ehemals papiergebundene Sichtweise. Dokumentenmanagementsysteme müssen den Zustand, die Zusammensetzung, die Form und den Inhalt wiedergeben, den ein Schriftstück bei seiner Erstellung hatte. Durch automatische Aktualisierungen, dynamische Links oder Abhängigkeiten von Darstellung und Laufzeitumgebung erweitert sich einerseits der Begriff des Dokumentes, schafft aber andererseits neue Manipulationsmöglichkeiten. Dokumente wandeln sich damit zu einem umfassenden Objekt, das neben seinem Inhalt durch Umfeld-Parameter und Merkmale, die zum Wiederauffinden oder zur Reproduktion dienen, beschrieben wird.

Ein Dokumentenmanagementsystem stellt unabhängig von seiner inhaltlichen Positionierung und Funktionalität im Geschäftsablauf Einzelaktivitäten zur Verfügung, die sich allein auf die Verwaltung der einzelnen Dokumente beziehen. Es deckt folgende Funktionen ab:

- Benutzerverwaltung und Zugriffssteuerung,
- Dokumentenimport,
- automatische, IT-gestützte oder manuelle Indexierung,
- Ablage und Archivierung,
- Bearbeitung nach Check-In/Check-Out-Verfahren,
- Verwaltung und Versionsüberwachung,
- Suchen und Finden,
- Archivierung und Löschung.

Diese Funktionen werden angereichert durch die im Verwaltungsumfeld typischen Funktionalitäten Wiedervorlage, Haftnotizen, Vorgangsmappe oder Postkorb. Um den Leistungsumfang sinnvoll in einen geschäftlichen Ablauf zu integrieren, bedarf es

- der Sicherstellung, dass die richtige Information der richtigen Person zum richtigen Zeitpunkt vorliegt,
- der Überwachung der Abhängigkeiten zwischen Dokumenten und denjenigen Daten, die für die Dokumentenbearbeitung benötigt werden einschließlich der Indizierung zur Nutzung von Suchtechnologien,
- der Verwaltung der Zugriffsberechtigungen und unterschiedlicher Versionsstände, der Sicherstellung eines konsistenten Bestandes durch Check-In/Check-Out-Verfahren.

Dokumentenmanagementsysteme gestatten die Verwaltung mehrerer Versionen desselben Dokumentes, um deren Lebenszyklus nachzuvollziehen. Dieser Mechanismus hat Bedeutung für Dokumente, die einer ständigen Weiterentwicklung unterliegen und deren Entwicklungsstände zeitpunktbezogen protokolliert werden müssen. Dies trifft z. B. für

Konstruktionszeichnungen für die Bauindustrie oder für die Chargenverwaltung der pharmazeutischen Industrie zu. Die zugrundeliegende Check-in/Check-out-Prozedur gewährleistet eine zuverlässige Aktualität der Dokumente. Der Check-out-Vorgang sperrt das Dokument für die weitere Bearbeitung und erlaubt lediglich einen Lesezugriff. Der Versuch, ein „ausgechecktes" Dokument zu bearbeiten, führt zu einem Hinweis für den Anwender auf denjenigen, der das Dokument gerade bearbeitet. Die Sperrung wird erst aufgehoben, wenn das Dokument die vorgesehene Check-in-Prozedur erfolgreich durchlaufen hat.

Zur Einbindung in das betriebliche Geschehen muss jedes Dokumentenmanagementsystem seine einzelnen Dokumente inhaltlich erschließen. Nur dann sind viele der zuvor beschriebenen Funktionen sinnvoll durchführbar. Die Probleme des Dokumentenmanagements liegen vor allem in der heterogenen Struktur (siehe Abb. 6.1) der zu verwaltenden Daten und in einigen Rahmenbedingungen, die teilweise auf historisch entstandene Mängel zurückzuführen sind (siehe Abb. 6.2).

Die Vorteile der Verwendung von Dokumentenmanagementsystemen konzentrieren sich auf folgende Aspekte:

- Reduzierung der Bearbeitungszeit,
- Verringerung des Zeitaufwandes des Sachbearbeiters,
- Senkung der Bearbeitungskosten pro Dokument,
- Verkürzung der Durchlaufzeit,
- Einsparung an Bürofläche.

Dabei fällt ins Auge, dass insbesondere die benötigen Zeitaufwände sinken werden. Da sich die Durchlaufzeit eines Dokumentes aus drei Zeitanteilen (siehe Abb. 6.3) zusammensetzt – Bearbeitungs-, Liege- und Transportzeit – kann dies erwartet werden.

Abb. 6.1 Verteilung strukturierter und schwach-strukturierter Dokumente

Abb. 6.2 Probleme des Dokumentenmanagements

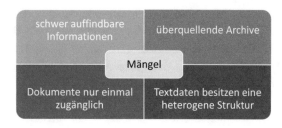

Abb. 6.3 Zeitanteile der Dokumentendurchlaufzeit

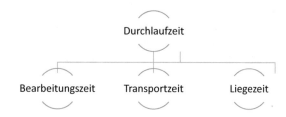

6.2 Informationsarten

Obwohl im Grundsatz alle Dokumente in ein Dokumentenmanagementsystem eingestellt werden müssen, verlangen Wirtschaftlichkeitsgründe häufig eine Differenzierung. So ist die Übernahme kurzlebiger Dokumente wie E-Mails oder Notizen fast immer unwirtschaftlich, so dass der Schwerpunkt eher auf Schriftstücken mit unmittelbarem geschäftlichen Bezug liegt.

Dem Dokumentenmanagement liegt zwar die relativ einfache Idee zugrunde, papiergebundene Vorgänge elektronisch abzubilden, die Schwierigkeiten stecken aber in dem zu bewältigenden Informationsvolumen und der für eine Konvertierung zur Verfügung stehenden Technik. Um die benötigten Informationen jederzeit verfügbar zu haben, werden Papierdokumente durch Scannen oder durch die Umwandlung in Datenaustauschformate digitalisiert. Letztlich entscheidet sich bei dem Übergang auf digitale Medien, wie effektiv, komfortabel und an die Arbeitsvorgänge angepasst ein Dokumentenmanagementsystem arbeitet:

- *CI-Information (coded information):* Informationen, die bereits in einem digitalen Format vorliegen, sei es, das sie auf Datenträgern verfügbar sind oder durch die eigene IT produziert wurden. Die Übernahme von CI-Dokumenten erfolgt daher ohne Medienbrüche oder manuelles Sortieren, Scanvorbereitungen entfallen, die Indexierung kann automatisiert werden und Ressourcen in Form von Speicherkapazität und Rechnerleistung werden sparsam genutzt.
- *NCI-Informationen (Non-Coded-Information):* Informationen, die nur bildlich in Form von Pixel-/Rastergraphik vorliegen und sich per IT inhaltlich nicht erschließen lassen. Hierbei handelt es sich um Geschäftsbriefe, Kaufverträge oder Ähnliches, die

das Unternehmen verlassen, oder es über den Posteingang erreichen. Eine anschließende Konvertierung der Dokumente per OCR erfolgt zwar in der Mehrzahl der Fälle fehlerfrei, in der Praxis dürften aber allenfalls 5–10 % der Schriftstücke per OCR bearbeitet werden. Dazu gehören Korrespondenz und Prospekte, aber nicht Eingangsrechnungen oder Lieferscheine.

Die Erscheinungsform ist in der Regel von der Entstehung der Dokumente abhängig. Ein gescanntes Papierdokument ist ein NCI-Dokument, denn die erzeugten elektronischen Daten repräsentieren lediglich ein fotografisches Abbild des Dokumenteninhalts. Eine Auswertung der Textinhalte ist nicht möglich. Wird hingegen ein vorhandenes NCI-Dokumentes mit einer Schrifterkennungssoftware oder einer Vektorisierungssoftware zur Nachdigitalisierung von Grafiken bearbeitet, so können ein oder mehrere CI-Dokumente erzeugt werden, die parallel zum ursprünglichen NCI-Dokument existieren.

6.3   NCI-Dokumente und Scannen

Der eigentliche Scan-Vorgang vollzieht sich in mehreren Teilschritten:

- *Dokumentenvorbereitung*: Größe, Art und Qualität der Dokumente haben direkten Einfluss auf die Verarbeitungsgeschwindigkeit und sind demzufolge ein wichtiger Faktor bei der Analyse, wie schnell neu aufgenommene Dokumente dem Benutzer zur Verfügung stehen.
- *Dokumentenaufbereitung*: Die Dokumentenvorlage durch Sortieren, Entklammern, Glätten oder Anfertigen einer Kopie vorzubereiten, erfordert einen erheblichen manuellen Mehraufwand.
- *Scangeschwindigkeit*: Die Unterschiedlichkeit der Dokumente beeinflusst die Geschwindigkeit, mit der Scanner ein optimales Konversionsergebnis liefern. Von der Homogenität des Schriftgutes hängt es ab, wie häufig die Scanvorbereitungen in Form von Parametereinstellungen sind bzw. wie exzessiv die Stapelverarbeitung über einen Einzugsscanner erfolgen kann.
- *Qualitätskontrolle*: In Abhängigkeit von der Papierqualität und der Güte des Scanners variiert das Umwandlungsergebnis eines Dokumentes in seine elektronische Form. Zur Erzielung eines zufriedenstellenden Ergebnisses sind häufig Qualitätsstichproben zu ziehen. Die Qualität des Ergebnisses bestimmt den Grad der Nachbereitung erfasster Dokumente.
- *Indexierung*: Das Wiederauffinden eines Dokumentes hängt von den vergebenen Stichwörtern seiner Inhaltserfassung ab. Ohne korrekte und treffende Begriffe verliert ein Dokument seine Bedeutung.

Die Qualitätsprüfung muss sicherstellen, dass das Dokument korrekt, das heißt seitenrichtig, nicht verdreht, ohne große Verschmutzungen, mit korrekter Helligkeit und richtigem

Kontrast in der notwendigen Auflösung erfasst wurde. Bei mehrseitigen Dokumenten ist zu bedenken, dass die eingescannte Seitenfolge eine logische Zusammengehörigkeit darstellt. Um die Separation einzelner Dokumente zu gewährleisten, werden mehrere Verfahren angeboten:

- Durch Einstellen eines Seitenzählers wird automatisch die Dokumentengrenze erkannt.
- Alle Seiten werden zunächst als Seiten eines einzigen Dokumentes behandelt und der Anwender legt in einem separaten Bearbeitungsschritt die Dokumentengrenze explizit fest.
- Einzelne Dokumente werden durch schwarze Seiten getrennt, die zuvor dem Stapel zu scannender Dokumente manuell beigefügt werden.

Zur Reduzierung des Speicherbedarfs werden Kompressionsalgorithmen eingesetzt, die sich in zwei Verfahrensgruppen einteilen lassen:

- *Kompression mit Datenverlust*, bei denen die Reduzierung des Datenvolumens mit Einschränkungen der Wiedergabequalität verbunden ist, wie sie z. B. die Standards JPEG und MPEG für Stand- bzw. Bewegbilder bieten.
- *Kompression ohne Datenverlust,* bei der die Kompressionsrate deutlich niedriger liegt und die vornehmlich für das Dokumentenmanagement eingesetzt wird, das den Verlust von Information im Gegensatz zu Bildinformationen nicht toleriert.

Die Indizierung legt die Auswahlkriterien für das Retrieval der Dokumente fest. Unabhängig von der Dokumentenart CI oder NCI muss garantiert sein, dass die Indexdaten korrekt erfasst werden, da ein falscher Index dazu führt, dass ein Dokument unwiederbringlich verlorengeht. Neben einer Volltextsuche werden auch Metainformationen als Suchkriterien verwendet. Dabei handelt es sich um

- Dokumentenattribute, unabhängig vom Dokumenteninhalt in Form von Absender, Bearbeiter, Erstellungs- und Bearbeitungsdatum, Status und weiteren formalen Angaben,
- Ordnungsbegriffe wie Vertrags-, Schadens-, Auftrags- oder Kundennummer,
- Vorgangsnummern, die sich aus der Archivierung ergeben.

Für das Retrieval der Dokumente besitzen die Deskriptoren damit die gleiche Bedeutung wie die Primärschlüssel für die Identifizierung von Sachverhalten in relationalen Datenbanken. Die bisherige papiergebundene Ablage basiert auf der Vergabe nur eines Kriteriums als Suchgrundlage und schränkt damit die natürliche Arbeits- und Denkweise der Benutzer erheblich ein. Wünschenswert ist die freie Vergabe von Suchkennzeichen, so dass die Information eindeutig identifizierbar ist, die Freiheit der Indexierung aber nicht leidet. Grundsätzlich lässt sich die Indexierung in eine automatische und eine manuelle Variante einteilen. Beim manuellen Vorgehen ergeben sich wiederum zwei Konzepte:

- Das Einzelblatt-Scannen, das heißt die zu erfassenden Kriterien werden dem Beleg entnommen und über eine Erfassungsmaske eingegeben. Erst danach wird der Beleg gescannt und mit den erfassten Daten archiviert.
- Das Stapel-Scannen, das heißt die Belege werden stapelweise eingescannt und in einer Erfassungsmaske sukzessive mit Indizes versehen.

6.4   Informationsarten und betrieblicher Ablauf

Den Aufhänger zur Integration von NCI-Dokumenten in den betrieblichen Ablauf stellt die Posteingangsstelle dar. Deshalb orientiert sich die Implementierung stark an Postabläufen, die den Dokumentenfluss oft durch Filterfunktionen, Objekte wie E-Mails oder Trigger-meldungen von Nachrichtenagenturen ergänzen und inhaltlich analysieren. Je nach Zeitpunkt der Überführung der NCI-Dokumente in ein elektronisches Äquivalent lassen sich drei Formen unterscheiden:

- *Spätes Erfassen* bildet die traditionelle Vorgehensweise der papiergebundenen Bearbeitung exakt nach. Die Dokumente werden durch eine neu einzurichtende zentrale Erfassungsstelle gescannt und archiviert, sobald ihre Bearbeitungsphase abgeschlossen ist. Anschließend werden sie nicht physisch transportiert, sondern in Form von Referenzen den Mitarbeitern angezeigt. Hierdurch wird gewährleistet, dass alle Änderungen und Ergänzungen zu einem Dokument vorgenommen wurden und keine Nachbearbeitung erforderlich ist. Für die involvierten Mitarbeiter bedeutet dieser Ablauf nur eine minimale Verhaltens- und Verfahrensanpassung. Organisatorische Umstellungen mit ihren zeitlichen und psychologischen Problemen sind deutlich geringer als bei den folgenden Szenarien. Der ursprüngliche Geschäftsprozess wird lediglich durch die zentrale Erfassung ergänzt, bei der die Dokumente zusätzlich noch einer Prüfung unterzogen und abgezeichnet werden können. Darüber hinaus können die Mitarbeiter durch den intensiven Umgang mit der Technologie sehr schnell die Qualität der Erfassung beurteilen. Ein Nachteil des Verfahrens besteht darin, dass nicht das volle Potenzial elektronischer Verteilung von Dokumenten ausgeschöpft wird. Hinzu kommt eine größere Wahrscheinlichkeit für ein Verlorengehen oder eine Beschädigung der Dokumente während des Transports zwischen Posteingang und Bearbeiter.
- *Gleichzeitiges Erfassen* unterstützt die Erfassung am Arbeitsplatz. Der Bearbeiter begutachtet die Bildqualität, nimmt eventuelle Korrekturen vor und archiviert schließlich das Dokument. Der Vorteil eines derartigen Ablaufs liegt darin, dass vor dem eigentlichen Ablegen des Dokumentes noch Korrekturen möglich sind. Der hohe Prüfaufwand schränkt die Anwendbarkeit jedoch ein. Überall dort, wo Fremdbelege anderer Unternehmen zum Tagesgeschäft gehören, gibt es hierzu jedoch faktisch keine Alternative. Gleiches gilt für Abteilungen mit besonderen Anforderungen an die Vertraulichkeit des Posteinganges wie Vorstands- und Geschäftsführung, Personalverwaltung oder Revision.

- *Frühes Erfassen* nimmt die Originalbelege nach einer Prüfung im Posteingang zentral auf und ordnet sie Geschäftsvorfällen zu. Da typischerweise große Dokumentenmengen zu verarbeiten sind, ist hierzu ein effizientes Klassifizierungs- und Verteilverfahren notwendig. Die Ablage der Belege erfolgt in einem Erfassungsdialog. Für die weitere Bearbeitung werden nur noch Verweise auf das Dokument verwendet, so dass kein Dokumententransport mehr notwendig ist. Der Sachbearbeiter ruft aus einer Arbeitsliste die zur Bearbeitung anstehenden Dokumente ab, indiziert sie, fordert die notwendigen Zusatzangaben aus der Datenbank an und speichert anschließend das vollständig bearbeitete Dokument. Dieser Ablauf erfordert Veränderungen in der Ablauforganisation, der Arbeitsmethodik und dem Mitarbeiterverhalten. Er eignet sich für Bearbeitungsvorgänge, die eine eindeutige Dokumentenstruktur und eine klare Zuordnung zum Sachbearbeiter aufweisen. Dieses Verfahren ist die optimale Organisationsform bei der Einführung eines Dokumentenmanagementsystems und wird begleitet von mehreren Vorteilen:
  - die Geräte- und Personalressourcen werden bestmöglich genutzt,
  - der intensive Umgang mit der Technologie an zentraler Stelle führt schnell zu optimaler Qualität der Erfassung und Weiterleitung.

6.5 Einsatzfelder

Dem bereits zu Beginn formulierten Integrationsgedanken folgend erschließt sich für die Verwendung von Dokumentenmanagementsystemen eine Vielzahl von Einsatzfeldern. Ihre Bedeutung für Unternehmen zeigt die Übersicht in Abb. 6.4 (Bitkom 2016, S. 6 ff.).

6.6 Business Process Management

Unter dem Gesichtspunkt eines Geschäftsprozesses sind Dokumentenmanagementsysteme als Sprungbrett zum Einstieg in den Prozessgedanken anzusehen. Dabei geht es vor allem darum, die Prinzipien der Gestaltung von Produktionsabläufen auf die Verwaltungsprozesse der Unternehmen zu übertragen. Statt des Materialflusses wird nun der Informationsstrom betrachtet, der Computer übernimmt die Rolle der Maschinen und Anlagen und der Mensch als Entscheidungsträger fügt die nötigen Zusatzinformationen und Steueranweisungen hinzu. Hierdurch eröffnen sich Chancen

- die aktenlose Just-in-time-Kommunikation der Mitarbeiter aller Hierarchieebenen bezüglich der einzelnen Vorgänge und deren Verarbeitungsschritte zu steuern,
- die unternehmensweite Bereitstellung, Teilung und Verfolgung von Informationen zu ermöglichen.

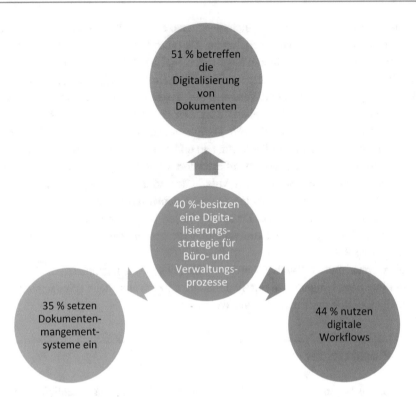

Abb. 6.4 Digitalisierung und Dokumentenmanagementsysteme

Die Realisierung dieser Chancen geschieht durch Workflows. Mit Workflows leiten Unternehmen Dokumente wie z. B. E-Mails und eingehende Rechnungen automatisiert an zuständige Mitarbeiter weiter. Ganze Prozessketten wie z. B. Freigaben und Wiedervorlagen lassen sich digital abbilden und automatisieren: Alle Beteiligten verfügen so stets über die für den jeweiligen Vorgang relevanten Dokumente. Das verhindert Verzögerungen durch lange Liegezeiten. Gleichzeitig sind der aktuelle Status eines Vorgangs, die zuständigen Bearbeiter sowie noch ausstehende Schritte stets für alle Beteiligten transparent. Workflows richten sich in erster Linie an formalisierbare bzw. teilformalisierbare Abläufe mit geringem Ermessensspielraum. Zur Abbildung in Dokumentenmanagementsysteme spielen dabei folgende Merkmale eine Rolle:

- die einzelnen Vorgangsschritte sind klar gegeneinander abgegrenzt,
- der Ablauf eines Vorganges ist nach klaren Regeln eindeutig definiert,
- den an der Vorgangsbearbeitung beteiligten Mitarbeitern können Funktionen, Rollen und Kompetenzen zugewiesen werden
- die Informationsbearbeitung- und -bereitstellung ist automatisierbar, so dass der gesamte Arbeitsprozess vom Dokumentenzugriff bis zur Archivierung transparent ist.

Abhängig vom Ausmaß automatisierbarer Abläufe besteht ein erhebliches Rationalisie-rungsreservoir, das die Analyse und den Neuentwurf von Geschäftsprozessen und folglich die Ablauf- und Aufbauorganisation auf allen Ebenen beeinflusst. Nicht mehr das funktionale Spartendenken ist gefragt, sondern integrierte Abläufe über Organisationsgrenzen hinweg. Damit hält der Gedanke des Business Process Managements Einzug in das Umfeld des Enterprise Content Managements.

▶ Ein **Workflow** bezeichnet mehrere dynamische, abteilungsübergreifende, aber fachlich zusammenhängende, arbeitsteilige Aktivitäten, die in logischer oder zeitlicher Abhängigkeit zueinander stehen.

Aus betriebswirtschaftlicher Sicht bedeutet diese Definition, dass Geschäftsprozesse als Bestandteil der Ablauforganisation mit Elementen der Aufbauorganisation wie Mitarbeiter oder Gruppen verschmelzen. Informationstechnische Unterstützung bildet dabei zwar keine notwendige Voraussetzung – auch der konventionelle Belegfluss bildet in diesem Sinne einen Workflow –, aber die geläufige Interpretation setzt eine IT-Unterstützung voraus.

Die kleinste Einheit eines Workflows stellt eine Aufgabe dar, die ein Mitarbeiter ohne Unterbrechung durchführt und die sich unter mehreren Facetten betrachten lässt (siehe Tab. 6.1).

Die Sichtweise lässt sich auch aus der Perspektive der Instrumente betrachten (siehe Abb. 6.5).

Eine einzelne Aufgabe beschreibt Aktivitäten wie Wiedervorlage, Anbringen von Notizen, Mitzeichnungsverfahren, automatische Steuerung benötigter Akten oder eine Verzweigung in der Ausführung. Nach Zuweisung dieser Funktionalität müssen die agierenden Personen ermittelt oder über die anstehenden Aufgaben informiert werden. Grundsätzlich fallen dabei drei Teilprobleme an:

- Wie wird ein am Vorgang Beteiligter informiert? (Notifikation)
- Wie synchronisieren sich die an einem Vorgang Beteiligten? (Synchronisation)
- Wie verwaltet der Bearbeiter die auszuführenden Tätigkeiten? (Arbeitsliste)

Danach ist zu klären, welche Dokumente zur Bearbeitung des Vorgangsschrittes notwendig sind und ob sie durch IT-Unterstützung bereitgestellt werden können. An dieser Stelle

Tab. 6.1 Aufgabe und Instrument

Frage	Methodisches Instrument
Wer erledigt welche Aufgabe?	Organigramm
Welche Daten werden benötigt?	Datenmodell
Warum wird die Aufgabe abgewickelt?	Unternehmensstrategie
Womit wird die Aufgabe durchgeführt?	IT-Unterstützung/Anwendung
Wie lange dauert die Bearbeitung?	Durchlaufzeit
Welche Qualifikation verlangt die Bearbeitung?	Ausbildung

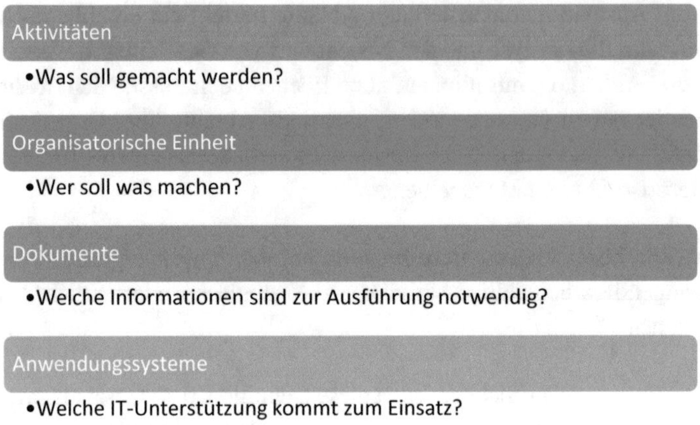

Abb. 6.5 Workflowbestandteile

bedarf es der Integration des Dokumentenmanagementsystems in den Workflow, um allen beteiligten Mitarbeitern ohne Medienbruch auf digitalisiertem Wege die erforderlichen Dokumente/Informationen zur Verfügung zu stellen.

Da Workflows sich aus mehreren Aktivitäten zusammensetzen, sind sie selten homogen, sondern weisen im Gegenteil häufig sehr unterschiedliche Attribute auf. Dazu gehören:

- *Strukturiertheit und Komplexität*: Ein Workflow wird durch die Anzahl, die Verschiedenheit und den Grad der Nebenläufigkeit einzelner Aufgaben beschrieben.
- *Detaillierungsgrad*: Ein Workflow weist einen niedrigen Detaillierungsgrad auf, wenn die einzelnen Teilschritte bis auf elementare Aufgaben ohne großen Handlungsspielraum durchführbar sind.
- *Arbeitsteilungsgrad*: Diese Eigenschaft gibt Auskunft über die Zahl der an dem Workflow beteiligten Bearbeiter und ist damit indirekt ein Maß für den zu erwartenden Abstimmungs- und Koordinationsaufwand.
- *Interprozessverflechtung*: Dieses Attribut drückt die Verbindung zu anderen Prozessen über Schnittstellen aus und bildet einen Gradmesser für das Wabengefüge einer Organisation (gemeinsame Daten und Ressourcen, Verflechtung der Teilergebnisse) und den Grad des bereits realisierten Geschäftsprozessgedankens.

Der Ablauf eines Workflows lässt sich wie folgt vorstellen:

- Der Workflow wird durch einen Trigger ausgelöst. Hierunter kann sowohl ein zyklischer wie azyklischer Auslöser verstanden werden.
- Die einzelnen Aufgaben werden alternativ, sequenziell oder parallel ausgeführt. Bei alternativer Ausführung entscheidet eine Ablaufbedingung über das Ablaufschema, bei serieller muss das Ablaufschema strikt eingehalten werden, bei paralleler Ausführung

erfolgen die einzelnen Schritte unabhängig voneinander, werden simultan bearbeitet und wieder zusammengeführt.

- Die Ablaufsteuerung erfolgt über Prozeduren mit Kontrollregeln hinsichtlich
  - der Ausführung eines Schrittes, wobei ein Schritt zeitbezogen auch von einem anderen abhängen kann,
  - der Art und dem Umfang auszutauschender Information,
  - der Definition von Ausnahmen, z. B. nicht termingerechte Erledigung: Aufforderung des Sachbearbeiters, Hinweis (E-Mail) an Vorgesetzte über drohenden Verzug, Weiterleitung des Vorgangs an eine Alternativperson.
- Den Abschluss eines Workflows bildet ein eindeutig definiertes Ereignis.

Welche Vorteile lassen sich durch die Einführung von Workflows erwarten? Der Bereich ist naturgemäß weit gefasst:

- Für die involvierten Mitarbeiter erhöht sich die Prozesstransparenz. Sie werden von Routineentscheidungen entlastet.
- Fehler werden durch Vermeidung von Mehrfacheingaben und Verringerung von Medienbrüchen reduziert.
- Durchlaufzeiten verringern sich, da keine Zeitanteile mehr für die Suche und das Wiederauffinden von Dokumenten notwendig sind.
- Vorgänge werden einheitlich und personenunabhängig abgewickelt und die Bearbeiter der Aufgaben können diese durch Filtern und Priorisieren individuell organisieren.
- Führungskräfte können durch Eingriffe für eine gleichmäßige Mitarbeiterauslastung sorgen, Vorgänge auf Termintreue überwachen und in Ausnahmefällen den Workflow aktiv modifizieren.
- Der inhaltliche Zusammenhang aller Schritte kann durch eine konsistente Modellierung hergestellt werden. Da die Prozessregeln nun nicht mehr ausschließlich in den Köpfen der Mitarbeiter ruhen, verbessert sich die Prozesskontrolle und -transparenz.

Dennoch ist es denkbar, dass der gewünschte Erfolg eines Workflow-Einsatzes ausbleibt. Ein Grund kann darin bestehen, dass die Anzahl der potenziellen Ausprägungen und Ergebnisse der einzelnen Aktivitäten unterschätzt wurde. Workflows verlangen wohldefinierte Regeln, Rollen und Bedingungen mit der Folge, dass der Entwurf eines automatischen Ablaufs alle Alternativen erfassen und umsetzen muss. Diese Aufgabe kann in ihrer Komplexität das Potenzial eines Workflows übersteigen. Zudem besteht nur sehr eingeschränkt die Möglichkeit, subjektive Entscheidungen vorherzusehen und in den Ablauf zu integrieren. Hier kommt der Umstand zum Tragen, dass sich Workflows schwerpunktmäßig auf stark strukturierte Prozesse richten.

Workflows stellen keine homogene Gruppe dar, sondern sie lassen sich gemäß ihrer Strukturiertheit und Ausrichtung in drei Kategorien einteilen (siehe Tab. 6.2).

Workflow ist eine Anwendung, die im Zuge eines verstärkt ins Bewusstsein rückenden Business Process Managements Rückenwind erfährt. Geschäftsprozesse müssen nicht nur

Tab. 6.2 Workflowarten (https://www.ser.de/themen/workflow-management.html)

Kategorie	Beschreibung
Produktions-Workflow	Merkmal ist, dass das System die Kontrolle ausübt, die Erledigung der Aufgaben überwacht und die definierte Organisationsstruktur einhält. Folglich ist die Bearbeitung monoton und wiederholt sich häufig – starke Strukturierung. Ausnahmen existieren nicht, so dass das System starr und unflexibel ist – Kreditanträge
Ad-Hoc-Workflow	Der Benutzer oder Auslöser kontrolliert den Ablauf rund um die Aufgabe. Er besitzt demzufolge einen eigenen Entscheidungsspielraum, so dass dieser Typus für unstrukturierte, einmalig auftretende Vorgänge geeignet ist. Die Prozessbedingungen sind nicht vordefiniert, sie entstehen während des Ablaufes. Prozessbeteiligte werden situationsabhängig eingebunden oder ausgeschlossen. Es existiert eine Nähe zu Groupware, da Teams und nicht Prozesse als organisatorische Bezugsobjekte dienen
Anwender-zentrierter-Workflow	Wie beim Produktions-Workflow ist der Prozess streng definiert. Wesentlich ist allerdings, dass nicht nur Dokumente weitergereicht werden, sondern dass simultan Anwendungen initiiert werden, die einen Teil der Vorgangsbearbeitung übernehmen. Zusätzlich bietet die Integration des Internets die Möglichkeit, Geschäftsprozesse auf Kunden und Lieferanten auszudehnen. Web-Anwendungen erweitern das Segment der kundenzentrierten Anwendungen über Unternehmensgrenzen hinweg und stellen einen direkten Weg zu vor- und nachgelagerten Bereichen her

identifiziert, analysiert und modelliert, sondern auch in konkrete Abläufe übertragen werden. Diese Transformation wird von Workflows übernommen und erklärt ihre Bedeutung. Die Beziehung von Workflow und Geschäftsprozess wird am besten durch die folgende Phrase ausgedrückt:

▶ Workflows sind die IT-gestützte Umsetzung von Geschäftsprozessen.

6.7   Virtuelle Akte

Schon der Begriff Akte weckt oftmals negative Assoziationen (Bartonitz et al. 2012, S. 42). Diese prägende Erfahrung stammt aus

- der Konfrontation mit Aktenzeichen und formalen Vorgängen, die insbesondere bei Behörden unverzichtbar sind,
- der traditionellen Arbeitsform mit Papierdokumenten und mechanischen Sammelinstrumenten, die beim Ablegen, Kopieren, Sortieren und Durchsuchen zum Einsatz kommen,
- der Erkenntnis, dass sich zwar eine Unmenge von Informationen in den Akten befinden, sich diese aber nur schwer erschließen lassen.

Auf der anderen Seite ist es aber eine Tatsache, dass der Umgang mit Akten eine alltägliche Verrichtung darstellt. Was macht also den Reiz und die Bedeutung der Akte aus?

Die thematische Bündelung zusammengehöriger Informationsobjekte erscheint eine sinnvolle Aktivität. Dabei können die Breite der Abdeckung, die Tiefe der Erfassung und die Gestaltung schwanken. Damit ist noch nichts darüber ausgesagt, in welchem qualitativen Zustand sich die Akte befindet, ob sie vollständig, übersichtlich strukturiert und einfach zugänglich ist. Die zweckdienliche Gestaltung und effiziente Handhabung ist letztlich ein subjektiver Faktor.

Papier als Basisinformationsträger wurde in der Vergangenheit logisch zu Akten zusammengefasst, für die weitgehend die gleichen Restriktionen wie für einzelne Blätter gelten. Akten werden gesucht, befinden sich nicht am Arbeitsplatz, sind verlegt oder gerade durch einen Kollegen in Gebrauch. Die Schwachstellen der Papiergebundenheit liegen auf der Hand:

• Sachbearbeiter haben keine direkte Recherchemöglichkeit und keinen unmittelbaren Zugriff auf den Aktenbestand, außer auf ihre Handakten am Arbeitsplatz,
• Dokumente, die mehreren Themen zugeordnet sind, erfordern Kopien zur Mehrfachablage,
• es entsteht ein hoher Aufwand zur Überwachung von Terminen und Fristen, z. B. für die Wiedervorlage,
• der Nachweis des Verbleibs und der Erhalt der Vollständigkeit gestaltet sich schwierig, weil Akten weitergegeben werden, ohne dass der Weg nachvollziehbar ist.

Im organisatorischen Kontext bedeutet dies, dass Akten nicht zufällig oder individuell gebildet werden, sondern sie unterliegen einem Aktenplan. Dieser legt die übergreifende thematische Gliederung und die hierarchische Differenzierung fest und stellt sicher, dass für eine gewisse Zeitspanne für die Mitarbeiter eine gültige Zuordnung der Informationsobjekte stattfindet.

Diese Zuordnung ist gewissermaßen der Spiegel der Aufgaben und des Geschehens in einem Unternehmen. Nur so kann die Übersichtlichkeit erreicht werden, die eine flexible Ablage durch eine beliebige Gliederungstiefe erlaubt. Akten gestatten eine benutzerbezogene Sicht (Vertrieb, Buchhaltung, Technik, ...) und können Inhaltsbereiche abhängig von der Abteilungszugehörigkeit ausblenden, schützen oder hervorheben. Außerdem sind die Eigenschaften der jederzeitigen schnellen Verfügbarkeit und der steten Vollständigkeit Gesichtspunkte, die zu einer zuverlässigen Sachbearbeitung wesentlich beitragen. Eine Ablage sollte daher stets so gestaltet sein, dass die notwendigen Informationen schnell auffindbar und für jeden Mitarbeiter transparent sind. Diesem Ziel dienen verschiedene Ordnungssysteme:

• alphabetisch (nach Firmennamen),
• numerisch (nach Rechnungsnummer),
• alphanumerisch,

- chronologisch (nach Eingangsdatum der Rechnung),
- mnemotechnisch (nach bestimmten Kriterien wie Farben oder Abkürzungen).

Neben diesem Aktenmodell werden auch für Akten Metadaten benötigt. Typische Vertreter dieser Datenkategorie sind die Aktenbezeichnung, der Status oder das Löschdatum. Schwierig wird die Verwaltung, wenn für einzelne Dokumente andere Löschkriterien gelten als für die gesamte Akte.

Doch welche Schwächen sind mit einem derartigen Management verbunden? Mangelnde Kenntnis und Disziplin bei der Einhaltung der Vorgaben, aber auch der Wandel der Organisation und der inhaltlichen Themen erschweren den täglichen Umgang und verhindern eine zweckdienliche Aktenplanführung. Die sinnvolle Vergabe von Aktenzeichen als eindeutige Kennung der Ablageadresse oder die Umstrukturierung von Akten werden als zeitaufwändig empfunden. Die Folge sind falsch abgelegte und verschollene Dokumente und als Konsequenz unvollständige Akten. Der Blick auf eine Akte kann aus drei Perspektiven erfolgen:

- *Die informatorische Sicht* betrachtet die inhaltliche Komponente. Die Qualität einer Akte hängt von ihrer Vollständigkeit und ihrer aktuellen Verfügbarkeit ab. Die hohe Arbeitsteilung führt jedoch häufig zu einer parallelen Aktenführung und untergräbt damit den Anspruch nach einer zeitnahen Bereitstellung konsistenter Informationen.
- *Die organisatorische Sicht* fordert keinen Aktentourismus, der den Weg und den Zugriffsaufwand beschreibt, sondern eine fehlerfreie konsistente und aktuelle Ablage. Dabei gilt es, die Information nicht als Besitzstand nach dem Motto „Wissen ist Macht" zu betrachten. Im Gegenteil muss ein schlüssiges und funktional ausgerichtetes Berechtigungskonzept existieren, das den Informationszugriff für andere Rollenträger transparent ermöglicht. Das Problem der übergreifenden Transparenz und des anforderungsgerechten Aktenzugriffs ist daher vordringlich zu bewältigen.
- *Die kollaborative Sicht* stellt die Akte in den Mittelpunkt eines kooperativen Gruppengeschehens. Viele Beteiligte benötigen den Zugriff auf Akteninhalte, steuern aber auch selbst Informationen, Dokumente und Modifikationen bei. Damit ist eine hohe Dynamik verbunden. Der Status eines Dokumentes wandelt sich, verändert Prioritäten oder modifiziert Gültigkeit und Adressatenkreis. Die Einbeziehung mehrerer Rollenträger in den Bearbeitungsprozess erfordert Regeln. In Abhängigkeit vom Bearbeitungsstatus sind verschiedene Akteninhalte durch die Prozessbeteiligten zur Kenntnis zu nehmen, zu bearbeiten oder freizugeben und weiterzuleiten.

Ein derart aktenzentrierter, mehrstufiger Bearbeitungsvorgang erzeugt mehrere Defizite/Nachteile:

- das Auftreten von Liege- und Transportzeiten zwischen den Bearbeitungsschritten und damit eine Verlängerung der Durchlaufzeit,
- das Führen von Kopien als Sicherheitselement,

- nicht aktuelle und inkonsistente Informationsbestände,
- mangelnde Transparenz bezüglich des Prozessstatus,
- steigender Aufwand zur Einhaltung regulatorischer und organisationaler Auflagen.

Diese Defizite bilden den Ansatzpunkt für die virtuelle Akte im Dokumentenmanagement. Die IT-gestützte Verwendung der Dokumente soll eine nachhaltige Verbesserung der aktenbasierten Geschäftsprozesse leisten. Die zu erwartenden Vorteile richten sich auf folgende Gesichtspunkte:

- Dokumente, Datenbestände und weitere Informationsobjekte können Inhalt einer Akte sein,
- gesonderte Zugriffe auf die benötigten Informationen über mehrere Pfade (Datei, Anwendung) werden überflüssig,
- die auf die Bedarfssituation abgestimmte virtuelle Akte konfiguriert sich zur Laufzeit selbstständig.

Damit wird eine einheitliche, strukturierte Ablage ermöglicht und Mitarbeitern eine sach- und vorgangsbezogene Sicht auf alle zugehörigen Informationen gegeben. Alle Dokumente sind dabei nur einmalig gespeichert. Werden sie mehrfach in verschiedenen Sachzusammenhängen benötigt, sind sie zu den entsprechenden Akten verlinkt. Das macht Mehrfach-Kopien an verschiedenen Orten überflüssig. Eine allgemeine Definition lässt sich wie folgt fassen:

▶ Die elektronische oder virtuelle Akte ist eine virtuelle Sammlung von Dateien und Dokumenten (auch die von analogen Medien konvertierten), die zu einem einheitlichen elektronischen Medium (z. B. Dateiordner) zusammengefasst werden (de.wikipedia.org/wiki/Akte#Elektronische_Akte).

Die virtuelle Akte bildet ein individuell zu konfigurierendes Anwendungsszenario, in dem zahlreiche IT-Basiskomponenten zusammenwirken, um die Qualität der Dokumenten- und Informationshandhabung zu verbessern. Dazu zählen Dokumentenmanagementsysteme als erste Anlaufstelle ebenso wie E-Mail, Systeme zur Texterfassung oder zur Archivierung. Die weitreichenden Möglichkeiten der virtuellen Akte münden in viele Vorteile:

- Es ist ein ortsunabhängiger mehrfacher Zugriff möglich,
- die Akteninformationen werden einmalig erfasst und stehen allen Benutzern gleichermaßen zur Verfügung. Kopien und redundante Datenhaltung werden vermieden,
- zahlreiche Aktivitäten zur Pflege werden IT-seitig automatisch angestoßen, überwacht oder ausgeführt. Dazu zählen Wiedervorlage, Versionsverwaltung, Dokumentenfreigabe oder Indexvergabe.
- durch die Check-In/Check-Out-Funktion lassen sich zu bearbeitende Passagen einer Akte zielgerichtet sperren,

- die Akten lassen sich zweckabhängig in verschiedenen Sichten je nach Anwendungsfall darstellen,
- verschiedene Wissensquellen aus (Meta-)Daten, Dokumenten, Prozessen und Menschen lassen sich kombinieren,
- die Nachweisführung und Wissenssicherung werden unterstützt.

Die Unterschiede zwischen Papierakte und virtueller Akte bezogen auf die Bereiche Ablage, Suche und Sicherheit verdeutlicht nochmals Tab. 6.3 (www.project-consult.de/wissen/themen/elektronische_akte).

Die virtuelle Akte ist sowohl Klammer über relevante Inhalte als auch Hilfsmittel zu deren Bearbeitung. Der Aktenbegriff erhält damit eine neue erweiterte Dimension als integrierte Arbeitsplattform. Diese Interpretation umfasst auch die Problematik des Aktenplans. Die für ihn erforderliche Änderungen oder Erweiterungen müssen transparent ergänzt werden können, ohne weitere Reorganisationsmaßnahmen ergreifen zu müssen. Die Vorteile einer gemeinsamen Ordnungslogik in einem Unternehmen bleiben dabei erhalten. Die virtuelle Akte wird in einer Vielzahl von Kontexten eingesetzt:

- Personalakte,
- Patientenakte,
- Kundenakte,
- Kreditakte,
- Vertragsmanagement,
- Beschaffungsprozess.

Die virtuelle Akte ist sicher kein Hype-Thema. Der inhaltliche Anspruch richtet sich jedoch auf die Produktivitätssteigerung in einer Organisation und damit an einen zentralen Interessenpunkt. Dabei geht es auch um die Sicherung, Nutzung und Verteilung des Geschäftswissens.

Tab. 6.3 Virtuelle vs. Papierakte

Merkmal	Papierakte	Virtuelle Akte
Ablage	Originaldokumente	gescannte oder digitale Dokumente
	raumintensive Ablage	Vereinfachung/Automatisierung von Massenablagen ohne Platzbedarf
	Fehlablage möglich	keine Fehlablage
Suche	nur an einem Ort verfügbar	Zugriff von beliebigen Orten
	Zugriff nur von einem Nutzer	Zugriff beliebig vieler Nutzer
	keine Zugriffsbeschränkung innerhalb der Akte	rollenbasierter Zugriff
Sicherheit	Gefahr von Aktenverlust	Verhinderung von Aktenlöschung
	mehrere Versionen im Gebrauch	ein zentraler und aktueller Aktenbestand

6.8   Elektronische Signatur

Parallel zum stark zunehmenden Austausch digitaler Dokumente wächst der Ruf nach dem Vertrauen in diesen Datentransfer. Daher werden Mechanismen benötigt, die es gestatten, festzustellen, ob Dokumente sich noch im Ausgangszustand befinden und wer der Ersteller dieser Daten war. Für diesen Zweck entfalten elektronische Signaturen ihre Bedeutung.

Der Einsatz der elektronischen Signatur erlaubt es dem Ersteller eines digitalen Dokumentes, sie zur Willenserklärung analog zur manuellen Unterschrift auf dem Papier zu machen. Zwei Funktionen sollen dadurch erfüllt werden:

1. Der Empfänger der Daten muss zweifelsfrei feststellen können, wer der Absender ist – *Authentizität und Nichtabstreitbarkeit*.
2. Es muss ausgeschlossen sein, dass die Daten durch die Beteiligten oder durch Dritte unbemerkt manipuliert oder verfälscht werden können – *Integrität*.

- Der große Nutzen der elektronischen Signatur liegt in der Vermeidung von Medienbrüchen. Die nahtlose Informationsweitergabe wird bei Geschäftsprozessen sichtbar, wenn elektronische Dokumente für eine Unterschrift ausgedruckt und anschließend zur weiteren Verwendung wieder eingescannt werden müssen. Mit der qualifizierten elektronischen Signatur können Freigabeprozesse für Dokumente unterstützt werden, so dass sich nachträglich rechtssicher nachweisen lässt, welcher Mitarbeiter welchen Schritt autorisiert oder welches Dokument verfasst hat.
- Da im Gegensatz zum Medium Papier ein digitales Dokument leicht änderbar ist, ohne dass die Manipulation unmittelbar feststellbar wäre, müssen besondere Vorkehrungen getroffen werden. Diese Maßnahmen sollen dazu dienen, die Integrität der Nachricht nachzuweisen. Elektronische Signaturen schützen allerdings nicht davor, dass Unbefugte Einblick in die Daten erhalten. Bei vertraulichen Daten ist daher der Einsatz einer Verschlüsselung notwendig.

Eine elektronische Signatur ist ein Rechtsbegriff, der im Signaturgesetz (SigG) definiert ist. Dieser Rechtsbegriff basiert auf der Definition der Europäischen Richtlinie für elektronische Signaturen. Eine digitale Signatur ist der technische Begriff für elektronische Signaturen.

Aufgrund des unterschiedlich ausgeprägten Vertrauens, das für elektronische Dokumente erforderlich ist, existieren drei Signaturformen, die untreschiedliche Sicherheitsniveaus verkörpern (Schmoldt 2008, S. 44):

- einfache elektronische Signatur
- fortgeschrittene elektronische Signatur
- qualifizierte elektronische Signatur

Die digitale Signatur ist eine „qualifizierte elektronische Signatur", die aufgrund technisch entwickelter Verfahren und rechtlich gesetzten Rahmenbedingungen äquivalent zur eigenhändigen Unterschrift verwendet werden kann.

- *Die einfache elektronische Signatur* dient dazu, den Urheber einer elektronischen Nachricht zu kennzeichnen, z. B. durch das Speichern einer gescannten Unterschrift. Hierfür sind keine Anforderungen bezüglich der Sicherheit oder der Fälschungssicherheit definiert. Diese Signaturen haben folglich nur einen sehr geringen Beweiswert. Das Signaturgesetz stellt keine Anforderungen an die Fälschungssicherheit.

- *Die fortgeschrittene elektronische Signatur* muss eine Manipulation der Daten erkennbar machen, sich eindeutig einer natürlichen Person durch ein elektronisches Zertifikat zuordnen lassen, mit den Daten auf die sie sich bezieht, derart verknüpft sein, dass eine nachträgliche Änderung erkannt wird und es ermöglichen, dass nur diese Person die Mittel zur Signaturerzeugung unter alleiniger Kontrolle hat. Die Sicherheit hängt von dem verwendeten Signaturverfahren und der Sorgfalt der Anwender bei der Signaturerstellung ab. Für diese Form ist daher ein Schlüssel zwingend vorgeschrieben. Dieser ist jedoch nicht persönlich zugeordnet und auch kein Eigentum, sondern nur im Besitz, das heißt der Unterzeichner muss im Zeitpunkt der Signierung nur im Besitz des Schlüssels sein. Die Unterschrift besteht häufig in Form einer das Dokument begleitenden Datei, die mittels des privaten Schlüssels des Unterschreibenden zusammen mit einem ihn ausweisenden Zertifikat erzeugt wird. Der Empfänger hat häufig vorab das Zertifikat erhalten, so dass er beim Empfang Integrität und Authentizität überprüfen kann.

- *Bei der qualifizierten elektronischen Signatur* wird die Signatur ihrem Urheber über ein qualifiziertes Zertifikat zugeordnet. Dieses Zertifikat, das von einem vertrauenswürdigen Dienstanbieter signiert wird, dokumentiert die Zusammengehörigkeit von öffentlich bekanntem Signaturschlüssel, der zur Prüfung der Signatur verwendet wird und der Identität des Signaturschlüsselinhabers. Der Dienstanbieter garantiert, dass die Angaben im qualifizierten Zertifikat korrekt sind und er die Anforderungen gemäß Signaturgesetz und Signaturverordnung erfüllt. Dabei wird zwischen akkreditierten und nicht akkreditierten Anbietern unterschieden. Erstere sichern eine 30-jährige Aufbewahrung der Zertifikate zu, zweite eine 5-jährige. Diese Form ist wegen ihres hohen Sicherheitsniveaus in der Regel der handschriftlichen Unterschrift gleichgestellt und kann grundsätzlich im Rechtsverkehr eingesetzt werden. Die Zivilprozessordnung geht bei dieser Form vom Anscheinsbeweis aus, das heißt das Gericht muss das Dokument als Beweis anerkennen, wenn nicht deutliche Zweifel daran begründet werden können.

Eine geringfügige Erweiterung besteht darin, gleichzeitig den Signierzeitpunkt zusätzlich zu erfassen. Der dafür notwendige Zeitstempel wird durch einen speziellen Dienst im Internet bereitgestellt, der über die eingestellte Systemzeit an einem Rechner hinaus präzise den korrekten Zeitpunkt feststellt.

Es gibt eine Reihe von Dokumenten, für die die Schriftform weiter zwingend vorgeschrieben ist. Dazu zählen:

- Verbraucherdarlehensverträge,
- Kündigungen von Arbeitsverhältnissen,
- Erteilung von Arbeitszeugnissen,
- Bürgschaftserklärungen.

Ist eine notarielle Beglaubigung oder Beurkundung erforderlich, reicht die elektronische Form ebenfalls nicht aus.

Es gibt inzwischen viele Bereiche, die die Verwendung der digitalen Signatur vorschreiben (https://www.de-coda.de/support/signaturanwendungen/):

- *Abfallnachweisverfahren*: Abfallerzeuger, -beförderer und -entsorger, die mit gefährlichen Abfällen zu tun haben, müssen die Nachweisdokumente elektronisch ausfüllen und mit einer qualifizierten elektronischen Signatur versehen – www.zks-abfall.de
- *Emissionshandel*: die Kommunikation rund um den Emissionshandel läuft rein elektronisch; die elektronische Signatur kommt beim Zugriff auf das elektronische Handelskonto zum Einsatz – www.dehst.de
- *E-Vergabe*: die öffentlichen Aufträge in Deutschland werden zunehmend online vergeben – www.evergabe-online.de
- *Verpackungsverordnung*: seit 2009 müssen Unternehmen jährlich eine elektronische Vollständigkeitserklärung hinterlegen, die ein Testierer mit qualifizierter elektronischer Signatur bestätigt – www.ihk-ve-register.de
- *Elektronischer Rechtsverkehr*: Gerichte und Behörden nutzen das elektronische Gerichts- und Verwaltungspostfach, um Schriftsätze rechtssicher auszutauschen – www.egvp.de
- *Online-Mahnverfahren*: mit diesem Verfahren können Gläubiger auf einfachem Wege gerichtliche Mahnbescheide beantragen – www.online-mahnantrag.de
- *Patent- und Markenanmeldung*: Schutzrechte können beim Deutschen Patent- und Markenamt elektronisch angemeldet werden – www.dpma.de

Diese Beispiele zeigen, dass signierte Dokumente auf vielfältige Weise in Dokumentenmanagementsysteme gelangen oder von ihnen erzeugt und verschickt werden können. Diese Feststellung erfordert eine Prüfung, in welchen Prozessen eine Signaturfunktion gefordert ist.

Der Vorgang des Signierens läuft folgendermaßen ab (Bartonitz et al. 2012, S. 91):

- Für das Signieren werden eine Chipkarte mit dem persönlichen geheimen Schlüssel und dem Zertifikat sowie ein zertifiziertes Kartenlesegerät benötigt.
- Der Nutzer ruft in seiner Anwendung die Signierfunktion auf. Die Software bildet von dem in Frage stehenden Dokument einen digitalen Fingerabdruck (Hashwert), der die Funktion hat, eine unzulässige Manipulation des Dokumentes zu verhindern.
- Der Fingerabdruck wird mittels des Kartenlesegerätes an den integrierten Chip der Karte geschickt. Durch Eingabe der PIN löst der Nutzer die Verschlüsselung des Hashwertes aus.

- Zusammen mit dem auf der Karte befindlichen Zertifikat wird der verschlüsselte Hash-wert an die Anwendungssoftware zurückgegeben. Abschließend werden diese Daten gemeinsam mit der Systemzeit in einen Signatur-Container übertragen. Dieser Vorgang kann drei Formen annehmen:
  - als zusätzliche Datei zum Dokument,
  - Einbettung des Dokumentes in den Signatur-Container,
  - Einfügen des Signatur-Containers in das Dokument.

Für die verwendete Signatursoftware muss eine bestätigte Herstellererklärung bei der Bundesnetzagentur vorliegen. Die Verwendung der PIN folgt dem Prinzip „Besitz und Wissen" und stellt ein übliches Verfahren dar. Den technischen Ablauf stellt Abb. 6.6 dar:

Der Empfänger muss zur Signaturprüfung aus den betreffenden Daten ebenfalls den Fingerabdruck berechnen und anschließend feststellen, ob die mitgeteilte Signatur zu dem neu berechneten Hashwert und dem öffentlichen Schlüssel des Unterzeichners gehört. Wurden die zu prüfenden Daten verändert (Integritätsverlust) oder ein falscher oder ungültiger öffentlicher Schlüssel (Authentizitätsverlust) verwendet, fällt diese Überprüfung negativ aus (siehe Abb. 6.7).

Einen Signatur-Validationstest kann auf der Web-Seite: https://www.intarsys.de/demo/validation kostenlos vorgenommen werden.

Die qualifizierte elektronische Signatur verwendet als Herzstück einen Verschlüsselungsalgorithmus, der durch stetig steigende Rechenleistung allerdings in seiner Sicherheit geschwächt wird. Wie sicher die Algorithmen sind, wird jedes Jahr seitens des BSI (Bundesamt für Sicherheit in der Informationstechnik) beurteilt. Mit der Ankündigung der Schwächung der Verschlüsselung kann eine Neusignierung notwendig werden. In der Folge werden mehrere Maßnahmen notwendig:

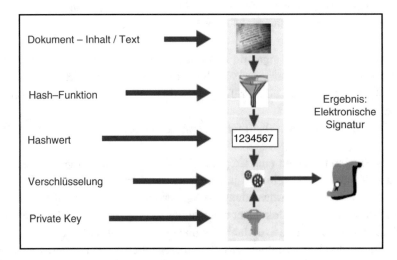

Abb. 6.6 Ablauf des Signaturverfahrens (Schmoldt 2008, S. 46)

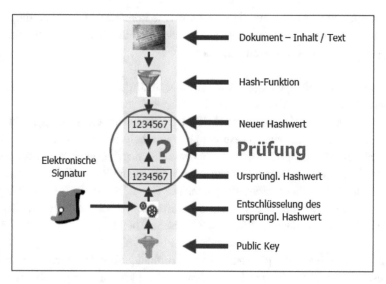

Abb. 6.7 Signaturprüfung (Schmoldt 2008, S. 46)

- Die Zertifizierungsdienstanbieter müssen neue Karten ausgeben,
- sämtliche Zertifikate müssen erneuert werden,
- die Signaturanwendungen müssen durch angepasste Versionen ersetzt werden.

Die maßgeblichen Vorschriften zur Einführung der Elektronischen Signatur wurden in einem gesonderten *Signaturgesetz (SigG)* festgeschrieben und in der *Signaturverordnung (SigV)* explizit erläutert. Das Formanpassungsgesetz regelt die Gültigkeit elektronischer Signaturen im herkömmlichen Rechtsverkehr, indem das Bürgerliche Gesetzbuch an den entsprechenden Stellen angepasst wurde.

Seit dem 01.07.2016 können in allen 28 EU-Mitgliedsstaaten und im EWR Vertrauensdienste nach der Verordnung (EU) Nr. 910/2014 über elektronische Identifizierung und Vertrauensdienste für elektronische Transaktionen im Binnenmarkt und zur Aufhebung der Richtlinie 1999/93/EG, kurz eIDAS-Verordnung, angeboten werden. Neben einer Neuregelung elektronischer Signaturen zählen dazu auch Dienste rund um elektronische Siegel und Zeitstempel, Zustellung elektronischer Einschreiben und Webseiten-Zertifikate. Mit Einführung der eIDAS-Verordnung wurde die Signaturrichtlinie aufgehoben (die Ausführungen orientieren sich an Floren et al. 2016).

Als neuen Dienst führt die eIDAS-Verordnung die elektronischen Siegel ein. Technisch sind diese vergleichbar mit den elektronischen Signaturen. Der wesentliche Unterschied ist die Zuordnung zu einer juristischen anstelle einer natürlichen Person. Während mit elektronischen Signaturen eine Willenserklärung abgegeben werden kann, dient das elektronische Siegel einer Institution als Herkunftsnachweis: Es kann überall dort eingesetzt werden, wo eine persönliche Unterschrift nicht notwendig, aber der Nachweis der Authentizität gewünscht ist (z. B. bei amtlichen Bescheiden, Urkunden, Kontoauszügen etc.).

Das EU-konforme elektronische Siegel schafft eine komfortable und zuverlässige Möglichkeit, um elektronische Dokumente einem schnellen Echtheits-Check zu unterziehen. Im Ergebnis kann man sich darauf verlassen,

- dass tatsächlich diejenige Organisation (Firma, Behörde, Universität, ...) das Dokument ausgestellt hat, die als Absender genannt ist,
- dass die Daten des Dokumentes exakt dem Original entsprechen, also nicht im Nachhinein verfälscht worden sind. Diese doppelte Echtheitsgarantie, verbunden mit einem EU-weit gültigen Rechtsrahmen für elektronische Siegel, erlaubt ganz neue Szenarien für den elektronischen Dokumentenaustausch, die zuvor nicht realisierbar waren. Wann immer per gesetzlicher Anforderung oder per Formularfeld ein Behördensiegel oder ein Firmenstempel gefordert ist, steht dies jetzt auch elektronisch zur Verfügung und ermöglicht damit medienbruchfreie elektronische Abläufe.

Konkrete Einsatzszenarien regelt die eIDAS-Verordnung allerdings nicht. Damit sich die elektronischen Siegel erfolgreich im Behörden- und Geschäftsalltag etablieren, müssen noch weitere gesetzliche, organisatorische und technische Voraussetzungen geschaffen werden. Erwartet wird, dass Prozesse, die bis dato ungesichert und mit hohem Betrugspotenzial durchgeführt wurden, auf eine verlässliche Basis gestellt werden, beispielsweise der elektronische Versand von Bewerbungsunterlagen oder der geschäftliche E-Mail-Verkehr.

Es sind zwei Niveaus von elektronischen Siegeln zu unterscheiden (Art. 3 Abs. 26 und 27 eIDAS-Verordnung): Fortgeschrittene elektronische Siegel und – höherwertige – qualifizierte elektronische Siegel. Das bedeutet: Je nach Sicherheitsanforderung kann das passende Siegelniveau ausgewählt werden.

Fortgeschrittene elektronische Siegel erfüllen folgende Anforderungen:

- Sie sind eindeutig dem Siegelersteller (also einer Behörde oder Firma) zugeordnet,
- sie ermöglichen die Identifizierung des Siegelerstellers,
- sie werden unter Verwendung von elektronischen Siegelerstellungsdaten erstellt, die der Siegelersteller mit einem hohen Maß an Vertrauen unter seiner Kontrolle verwaltet,
- sie sind mit den Daten, auf die sie sich beziehen, so verbunden, dass eine nachträgliche Veränderung der Daten erkannt werden kann.

Das bedeutet: Anhand des Siegels kann man eindeutig erkennen, welche Behörde oder Firma Urheber ist. Das Siegel ist für jedermann öffentlich überprüfbar.

Qualifizierte elektronische Siegel erfüllen weitere Anforderungen:

- Es gelten dieselben Anforderungen wie beim fortgeschrittenen Siegel,
- sie werden von einer qualifizierten elektronischen Siegelerstellungseinheit erstellt,
- sie beruhen auf einem qualifizierten Zertifikat für elektronische Siegel.

Das bedeutet: Zusätzlich zu allen Merkmalen, die für fortgeschrittene Siegel gelten, dürfen beim qualifizierten Siegel nur besonders sichere Produkte und Prozesse zum Einsatz kommen, die eigens von einer zuständigen Überwachungsbehörde kontrolliert werden.

Trotz vieler Gemeinsamkeiten existieren aber auch grundlegende Unterschiede zwischen organisationsbezogenen elektronischen Siegeln einerseits und an Menschen gebundene elektronische Signaturen andererseits:

- Die elektronische Signatur ersetzt die handschriftliche Unterschrift eines Menschen. Das elektronische Siegel bildet das Pendant zum Behördensiegel oder zum Firmenstempel.
- Die elektronische Signatur beruht immer auf einem Zertifikat, das einen Menschen identifiziert. Beim elektronischen Siegel verweist das Zertifikat dagegen auf eine Organisation.
- Die elektronische Signatur macht elektronische Daten zu einer persönlichen Willenserklärung. Man weiß genau, wer dahinter steckt, man hat einen persönlichen Ansprechpartner. Dementsprechend eignet sich die Signatur für individuelle Erklärungen, Anträge oder Formulare. Elektronische Siegel stellen hingegen sicher, dass die Daten von einer bestimmten Institution stammen (oder aber sie belegen einfach die Echtheit eines Dokuments, das eine Informationsfunktion erfüllt – siehe die oben genannten Anwendungsbeispiele).

6.9 Dokumentenmanagement und Wissen

Neben dem aktiven Umgang mit Dokumenten wie Erfassen, Erzeugen, Suchen, Sortieren oder Speichern beinhalten Dokumente auch eine inhaltliche Dimension, die sich häufig mit dem Begriff „Wissen" beschreiben lässt. Viele Informationen, die be- und verarbeitet werden, dienen nicht nur operativen Zwecken, sondern unterstützen einen Lernprozess. Insofern besteht eine inhärente Verbindung zwischen Dokumenten- und Wissensmanagement. Der folgende kurze Exkurs soll auf diese untrennbare Kombination hinweisen.

6.9.1 Daten-Informationen-Wissen

Für Wissen existieren eine Reihe verschiedener Definitionen je nach Fragestellung und Betrachtungsperspektive. Aus betriebswirtschaftlicher Sicht kann Wissen zusammen mit der zweckdienlichen Vernetzung von individuellen Erfahrungen zu Entscheidungen und Handlungen befähigen. Damit wird der handlungsorientierte Charakter betont. Wird der personengebundene Aspekt in den Vordergrund gerückt, erscheint folgende Definition sinnvoll (Probst et al. 2012, S. 23):

▶ „Wissen bezeichnet die Gesamtheit der Kenntnisse und Fähigkeiten, die Individuen zur Lösung von Problemen einsetzen. Dies umfasst sowohl theoretische als auch praktische Alltagsregeln und Handlungsanweisungen. Wissen stützt sich auf Daten und Informationen, ist im Gegensatz zu diesen jedoch immer an Personen gebunden. Es wird von Individuen konstruiert und repräsentiert deren Erwartungen über Ursache-Wirkungs-Zusammenhänge."

Auch ein europäischer Leitfaden sieht dies ähnlich (Heisig et al. 2004: Europäischer Leitfaden zur erfolgreichen Praxis im Wissensmanagement, S. 10):

▶ „Wissen ist die Kombination von Daten und Information, unter Einbeziehung von Expertenmeinungen, Fähigkeiten und Erfahrung, mit dem Ergebnis einer verbesserten Entscheidungsfindung."

Etwas vereinfacht lässt sich daher formulieren: Das Wissen eines Menschen ist die Gesamtheit aller Informationen, die er in den Zusammenhang seiner Kenntnisse und Erfahrungen eingeordnet hat. Welche Elemente dazu gehören können, zeigt Abb. 6.8.

Damit wird auch deutlich, dass Wissen subjektiv, kontextabhängig und personengebunden ist. In diesem Zusammenhang wird häufig der Begriff der Weisheit erwähnt. Hierunter wird allgemein die kollektive oder individuelle Erfahrung verstanden, Wissen für die Problemlösung anzuwenden.

Der Weg und die Beziehung zwischen Daten, Informationen und Wissen werden in Abb. 6.9 veranschaulicht.

Unter Zeichen sind Buchstaben, Ziffern oder Sondersymbole zu verstehen. Werden diese Zeichen um eine Syntax, also um Ordnungsregeln angereichert, werden aus ihnen Daten. Daten sind Symbole, die noch nicht interpretiert sind. Werden diese Daten in einen

Abb. 6.8 Bestandteile des Wissens

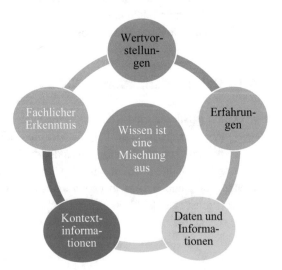

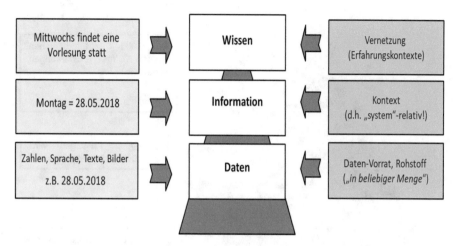

Abb. 6.9 Beziehung zwischen Daten, Informationen und Wissen

Bedeutungskontext gebracht, werden sie interpretierbar und dadurch zu Informationen. Können Informationen sinnvoll miteinander verknüpft werden, entsteht als Ergebnis der Verarbeitung durch das Bewusstsein Wissen.

Informationen sind folglich Wissensbestandteile, die z. B. in Form menschlicher Sprache repräsentiert sein können und erst dann zu Wissen werden, wenn sie an den Wissensbestand einer Person anknüpfen können und diese Person mit dem integrierten Wissen ihr Handlungsvermögen erweitern kann.

Die begriffliche Trennung in Daten, Informationen und Wissen hat vielleicht dazu beigetragen, dass lange Zeit kein umfassendes Verständnis eines integrierten Wissensmanagements bestand. Die Informatik widmet sich der Datenseite, die Fortbildungseinrichtungen fördern die Informationsebene und die Forschung ist für die Produktinnovation zuständig, benutzt also beide Facetten. Diese isolierten Aktivitäten hemmen das Verständnis des übergreifenden Wissensbegriffs. Die Charakteristika der Dreiteilung gibt die Wissenspyramide in Abb. 6.10 wieder.

6.9.2 Wissenstypen

Zwei Wissenstypen sind für ein Wissensmanagement besonders relevant: „explizites" und „implizites" Wissen.

Implizites Wissen umfasst die persönliche Kompetenz und Erfahrung; Merkmale, die sich nicht formal ausdrücken lassen und die an seinen Eigentümer gebunden sind. Dieses Know-how anderen mitzuteilen – somit explizit zu machen – ist die eigentliche Herausforderung. Es steht gewissermaßen zwischen den Zeilen, wird mehr über das „WIE" einer Aussage als über das „WAS" ausgedrückt.

Explizites Wissen ist kodifizierbar, das heißt es besitzt eine formale Struktur und lässt sich losgelöst von Personen verwalten. Seiner leichteren Überführbarkeit in technische

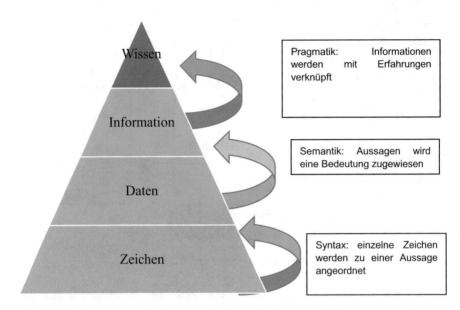

Abb. 6.10 Die Wissenspyramide

Konzepte verdankt es eine Schlüsselposition im Wissensmanagement. Ein Beispiel sind wissenschaftliche Erkenntnisse, die in einer oft formalen Sprache verfasst sind und über Veröffentlichungen kommuniziert werden. In dieser Form kann das Wissen durch unterschiedliche Medien gespeichert, bearbeitet oder gelöscht werden.

Die unterste Ebene expliziten Wissens stellen immer Daten dar, die erst durch Sortierung, Analyse und Interpretation zu Informationen heranreifen. Damit wird ein zusätzlicher Prozess notwendig, der die Daten zu Informationen verdichtet, die als Grundlage von Geschäftsentscheidungen oder als Teil der Geschäftsprozessunterstützung dienen. Sollen z. B. E-Mails der vergangenen Woche archiviert werden, ohne dass das darin enthaltene Wissen verlorengeht, sind dazu Suchmechanismen notwendig, die nicht nur die Häufigkeit von Wortkombinationen oder Wörtern auswerten, sondern den vielschichtigen Inhalt der Dokumente analysieren. Wissen ist folglich eine sich ständig wandelnde Kombination aus Informationen, individuellem Kontext und Erfahrungen. Erfahrung entsteht aus bereits erarbeitetem Wissen, den Kontext bestimmen persönliche Faktoren wie soziale Wertvorstellungen, Religion oder Bildungshintergrund.

▶ Zusammenfassend lässt sich feststellen, dass implizites Wissen geprägt ist durch seine Personengebundenheit, seine subjektiven Einsichten, durch Intuition, seine Unsichtbarkeit und seine schwere Übertragbarkeit. Demgegenüber zeichnet sich explizites Wissen durch seine leichte Übertragbarkeit, seine Speichermöglichkeit, seine Imitierbarkeit, seine einfache Ausdrucksform durch Zahlen, Bilder und Sprache und seine Kontextungebundenheit aus.

Das Gegensatzpaar „implizit" und „explizit" wird oft missverstanden, weil es mit den verwandten Begriffen „strukturierte und unstrukturierte Information" gleichgesetzt wird. Unstrukturierte Informationen in Form von Dokumenten sind aber selbst schon nachvollziehbares explizites Wissen. Das explizite Wissen ist daher nur Ausdruck einer nicht völlig erkannten impliziten Dimension. Wegen seiner besseren Fassbarkeit liegt der Schwerpunkt des Wissensmanagements auf dem expliziten Teil, indem der Zugriff auf Informationen verbessert wird. Dabei wird jedoch verkannt, dass Informationen ohne das Wissen über den Kontext häufig wertlos sind und in der Regel eher eine Rückfrage provozieren. Die Herausforderung liegt also in der Umwandlung des impliziten Wissens zu explizitem. Erst wenn dies durch geeignete Prozesse, durch eine entsprechende Software bzw. eine angepasste Unternehmenskultur gefördert wird, entsteht die Hoffnung, die Verwaltung bestehenden und die Entstehung neuen Wissens unterstützt zu haben.

Die Herausforderung besteht folglich darin,

- beide Facetten von Wissen, sowie die Wissensinhalte und -zusammenhänge als zusammengehörig zu erkennen,
- die jeweils besten Werkzeuge für die Speicherung, Bearbeitung und Suche zu nutzen,
- die produktiven und kontraproduktiven Einflüsse von kulturellen Erfahrungen, Einstellungen und Emotionen auf das Wissensmanagement zu erkennen.

Die sinnvolle Trennung in implizites und explizites Wissen hat sich für die Praxis als zu sperrig erwiesen. Daher stellt sich die Frage nach der Balance zwischen beiden. Eine Modellvorstellung hierzu fußt auf fünf Säulen (Schütt 2000):

- Heuristiken
- Artefakte
- Natürliche Begabung
- Skills
- Erfahrungen

In diese Komponenten zerlegt lässt sich Wissen wesentlich einfacher erkennen.

- Heuristiken sind einfache Daumenregeln, die sich in Erkenntnissen wie: „Willst Du Rechner beschaffen, frage den Dekan nie zu Jahresbeginn" dokumentieren. Sie helfen, sich im Dschungel unendlicher Informationen zu orientieren.
- Artefakte hingegen sind dokumentiertes Wissen. Dieses Wissen muss aber nicht zwangsläufig in einer Datenbank liegen oder überhaupt digitalisiert zur Verfügung stehen. Es genügt, wenn Regeln oder Anweisungen als schriftliche Notiz an einem erreichbaren Ort existieren.
- Natürliche Begabungen hat jeder, aber nicht für alle Tätigkeiten. Es gibt Wissen, was auch durch noch so häufige Schulungen nicht ausreichend vermittelt werden kann. Mathematische Zusammenhänge sind ein Beispiel hierfür. Aber auch die Aussage

„Das kann nur Herr/Frau xy" zeigen die Abhängigkeit von einer Person als Folge ganz spezieller Begabungen. Daher ist es für Unternehmen wichtig zu erfahren, welche natürlichen Begabungen gefordert sind und welche Gruppe von Mitarbeitern über diese verfügen.

- Skills lassen sich als Fähigkeiten umschreiben. Ihre herausragende Eigenschaft ist, dass sie sich im Sinne von Zeit und Qualität messen lassen. Jeder hat wahrscheinlich schon einmal versucht, die Küche seiner Wohnung zu streichen. Das Ergebnis und die Zeit, die dies verlangt, können aber sehr unterschiedlich ausfallen.
- Der letzte Wissensfaktor sind Erfahrungen. Sie sind implizites Wissen und können durch gute Dokumentation nur teilweise Allgemeingut werden. Allerdings ist die Wiederverwendbarkeit selten gegeben, weil sich Szenarien, Anwendungsbereitschaft und Zeitaufwand als unüberbrückbare Hürde erweisen.

Beim Wissensaustausch kommt es entscheidend auf Erfahrung und Kontext der Beteiligten an. Wissen soll sichtbar, zugänglich, transportierbar und besser begreifbar werden. Nur in einer Atmosphäre der Offenheit und des Vertrauens kann eine hinreichende Kommunikationsintensität erzeugt werden, die den Prozess des Wissensaustausches fördert. Vielfach mangelt es hierfür an der Einsicht für Relevanz und Zweck. Allgemein werden mehrere Interessen und Bedürfnisse der Mitarbeiter unterschieden:

- Existenzsicherung durch den Beruf,
- Eingliederung in ein Beziehungsgeflecht,
- Verantwortlichkeit und Motivation,
- Möglichkeit, durch die Arbeit eigene Wünsche zu erfüllen.

Die Motivation der Mitarbeiter verlangt dabei nicht nur eine Neustrukturierung der Lernprozesse, sondern oftmals auch die Einbindung von Faktoren der Gehalts- und Beförderungspolitik. Wünschenswert sind dabei Motivationsfaktoren, die auf nicht-monetärer Ebene existieren:

- Gegenseitigkeit: Informationsaustausch zwischen Mitarbeitern und Bezahlung von Wissen mit Wissen.
- Reputation: Die Vorstellung, dass Kompetenz und Wissen die Stellung und das Ansehen seines Trägers fördern.
- Selbstlosigkeit: Die Bereitschaft, anderen zu helfen, ohne dafür eine Gegenleistung zu verlangen.

Nach Art des Anreizobjektes wird zwischen materiellen und immateriellen Anreizen unterschieden (Mergel und Reimann 2000):

- Als materieller Anreiz gilt das Gehalt, das eine Belohnung für das gewünschte Leistungsverhalten darstellt. Die Höhe der Entlohnung bestimmt die Stellung des Mitarbeiters in der Organisation und die Möglichkeiten der Befriedigung von Status-, Macht- und Wertbedürfnissen

- Immaterielle Anreize drücken sich in den Bedingungen der Leistungserbringung aus und haben keine unmittelbaren monetären Auswirkungen. Beispiele sind Arbeitsinhalt, Führungsstil oder Karriereaussichten.

Da materielle Anreize in der Regel begrenzt sind, nehmen immaterielle Komponenten einen zunehmend höheren Stellenwert ein.

6.9.3 Wissensarten

Wissen ist kein homogenes Gut, sondern kann vielmehr in vielfältigen, sehr subjektiven Kategorien auftreten. Eine Auswahl zeigt die Tab. 6.4.

Kreativität, Ideen und Erfahrung sind „weiche" Produktionsfaktoren, die die Zutaten zur Erzeugung von implizitem Wissen darstellen. Damit unterscheidet sich Wissen von reinen Daten vor allem durch die Struktur und den Kontextbezug. Beide Merkmale sind jedoch von Kriterien abhängig, die von erlernten kognitiven Handlungsmustern und der Erfahrung der wissensschaffenden Personen beeinflusst werden. Wissensentstehung wird damit zu einem dynamischen Prozess, der sowohl durch äußere Faktoren wie die Bereitstellung formaler Informationen in Form von Handbüchern oder elektronischen Dokumenten als auch durch innere Faktoren wie Denken in Metaphern und Analogien, subjektiven Einsichten und Gefühlen bestimmt wird. Das Wechselspiel zwischen diesen beiden Gruppen setzt einen Wissenskreislauf in Gang und unterhält ihn (Versteegen 2002, S. 208/209). Der Vorgang der Wissensbildung wird in Abb. 6.11 veranschaulicht.

Wissen hat daher mindestens zwei Bedeutungen:

- Wissen als Objekt, z. B. wissenschaftliche Erkenntnisse, die in entsprechenden Publikationen festgehalten werden und damit eng an Informationen heranrücken und
- Wissen als Prozess, z. B. langjährige Erfahrung, die sich im Handeln eines Experten niederschlägt.

Tab. 6.4 Wissenskategorien

Wissenskategorie	Beschreibung
Verborgenes Wissen	Der Träger von Wissen weiß unterschwellig mehr, als er artikulieren kann
Verinnerlichtes Wissen	Durch Erfahrung gewonnenes Wissen
Kodiertes Wissen	Noch vorhandenes Wissen, wenn die Mitarbeiter das Unternehmen verlassen, z. B. Verfahrensregeln oder Produktkataloge
Konzeptionelles Wissen	Die Fähigkeit, übergeordnete Zusammenhänge zu erkennen
Ereigniswissen	Wissen über Ereignisse und Trends inner- und außerhalb des Unternehmens kennen
Prozesswissen	Wissen über Geschäftsprozesse und deren Hintergründe

Abb. 6.11 Kreislauf der
Wissensbildung

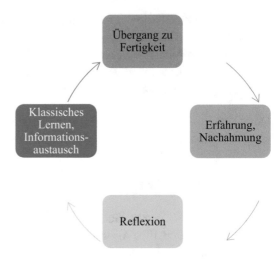

Im unternehmerischen Leistungsprozess kann sich Wissen auf drei Säulen stützen
(siehe Abb. 6.12): theoretisches Grundwissen, Gestaltungs- und Handlungswissen. Jeder Arbeitsplatz bedingt Grundwissen, aber kein Handlungswissen. Dieses bleibt der
Managementebene vorbehalten, die die strategische Ausrichtung des Unternehmens
bestimmt.

Wissen lässt sich je nach Blickwinkel und Kontext sehr unterschiedlich strukturieren.
Dies liegt an den vielen Facetten des Wissensbegriffs und seiner schweren Fassbarkeit.
Eine weitere Form hebt auf den Zusammenhang mit der Aufgabenerfüllung ab:

- Basiswissen: Hierbei handelt es sich um explizites Wissen, das leicht erlernbar
  und stabil über die Zeit bleibt. Die Tätigkeiten an einer Supermarktkasse sind ein
  Beispiel.
- Routinewissen: Es beinhaltet zwar zu einem gewissen Grad implizites Wissen. Dieses
  ist aber leicht zu erwerben und über die Zeit unveränderlich. Ein Beispiel hierfür sind
  die Kenntnisse eines Handwerkers.
- Fachwissen: Dies betrifft überwiegend den expliziten Wissensbereich. Die Kenntnisse
  sind mühevoll zu erwerben und unterliegen einem stetigen Wandel. Der Beruf des Wirt-
  schaftsprüfers fällt in diese Kategorie.
- Kreatives Wissen: Es enthält einen hohen Anteil impliziten Wissens, ist schwer zu er-
  lernen und einer hohen Dynamik unterworfen. Dieser Typ lässt sich mit den Fähigkeiten eines Künstlers assoziieren.

Den Versuch, diese Klassifikation in den Entscheidungsprozess eines Unternehmens ein-
zubinden, könnte folgende Systematik widerspiegeln:

Abb. 6.12 Wissensausprägungen

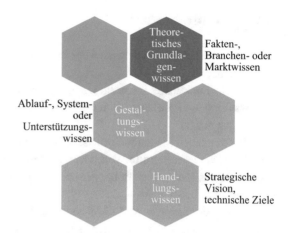

- Bei einfachen analytischen Entscheidungen wird die Entscheidungsfindung durch eine vorgegebene Reihenfolge von Schritten bestimmt. Entscheidungsspielraum fehlt, so dass Basiswissen ausreicht.
- Darüber hinausgehende analytische Entscheidungen lassen sich nur auf der Grundlage von Fachwissen treffen.
- Einfache intuitive Entscheidungen sind zwar nicht nachvollziehbar, äußern sich beim Entscheider aber in einem hohen Maß an Routine mit wiederkehrendem Charakter. Daher benötigt er nur Routinewissen.
- Improvisation baut auf einem reichhaltigen Erfahrungsschatz auf. Hierfür lassen sich weder Regeln aufstellen, noch kann vom Entscheider das Ergebnis vorhergesehen werden, da es stets auf den jeweiligen Kontext bezogen ist. Damit liegt ein kreativer Prozess zu Grunde, der entsprechendes Wissen verlangt.

Wissen beruht auf Daten und Information, unter Berücksichtigung von Fähigkeiten und Erfahrung. Wissen kann explizit und/oder implizit, persönlich und/oder kollektiv sein.

6.10 Weiterentwicklung

Dokumentenmanagementtechnologien sind die Fortsetzung herkömmlicher, auf Massendatenverarbeitung fixierter Datenverarbeitung. Sie führen unterschiedlich strukturierte Dokumente zusammen, ein Vorgang der in öffentlichen Verwaltungen und Unternehmen zum Tagesgeschäft gehört. In ihren Grundfunktionen sind diese Systeme ausgereift, die erhältlichen Produkte stabil und verlässlich. Die wesentlichen funktionalen Ergänzungen spielen sich in angrenzenden Anwendungsfeldern ab. Integrationsbemühungen durch Business Process Management, Compliance-Anforderungen, Archivierungsnotwendigkeiten oder Klassifikation und Extraktion sind die Schlagworte, die die Diskussion auf absehbare Zeit prägen werden.

6.11　Kontrollfragen

1. Welche Probleme entstehen bei der Nutzung des Mediums Papier im Dokumentenmanagement?
2. Welche Funktionen sollte ein Dokumentenmanagement-System besitzen?
3. Was sind die Probleme bei der Nachbildung einer Stempelfunktion im Dokumentenmanagement?
4. Was verstehen Sie unter CI- und NCI-Dokumenten?
5. Wie stehen die Begriffe Workflow und Geschäftsprozess zueinander?
6. Warum hat der Begriff der Rolle eine herausragende Bedeutung im Workflow-Konzept?
7. Welche Formen von Workflows lassen sich unterscheiden?
8. Welche Verfahren zur Sicherung von Authentizität und Integrität nutzt die digitale Signatur?
9. Welche Arten digitaler Signaturen existieren und wie unterscheiden sie sich?
10. Welche Vor- und Nachteile weist eine virtuelle Akte auf?

Literatur

Bartonitz M, Sorg O, Windisch S (2012) Wegweiser für Manager: das papierarme Büro. Saperion, Berlin

Bitkom (2016) Bitkom Digital Office Index. Bitkom, Berlin

Floren A, Entschew E, Fiedler A (2016) Sichere (elektronische) Dokumente. DIHK. https://www.dihk.de/ressourcen/downloads/dihk-eidas-whitepaper.pdf

Heisig P, Krisper-Ullyett L, Ortner DJ, Will M (2004) Europäischer Leitfaden zur erfolgreichen Praxis im Wissensmanagement. Brüssel. ftp://ftp.cen.eu/PUBLIC/CWAs/e-Europe/KM/German-text-KM-CWAguide.pdf. Zugegriffen am 14.06.2018

Mergel I, Reimann M (2000) Anreizsysteme für Wissensmanagement in Unternehmensberatungen. Wissensmanagement 4:15–19

Probst G, Raub S, Romhardt K (2012) Wissen managen: Wie Unternehmen ihre wertvollste Ressource optimal nutzen. Gabler, Wiesbaden, S 23

Schmoldt R (2008) Leitfaden elektronische Signatur. Signature Perfect, Frankfurt

Schütt P (2000) Die richtige Balance zwischen stillem und explizitem Wissen. Wissensmanagement 4:29–32

Versteegen G (2002) Management-Technologien. Springer, Berlin/Heidelberg

Dokumentensuche – Information Retrieval 7

Die Informationssuche stellt ein Grundbedürfnis jeglicher Informationsverarbeitung dar. Suche ist der einfachste und universellste Ansatz für den Zugriff auf große Informationsmengen. Ohne sie wäre der Fundus im Informations- und Wissensspeicher Internet nicht für jedermann verfügbar. Sie reicht historisch gesehen von der Suche nach Zeichenmustern und Dateinamen auf Betriebssystemebene bis zu umfassender komfortabler Suchfunktionalität in allen Komponenten integrierter und funktionaler Anwendungssysteme. Drei Sichtweisen beleuchten das Suchgeschehen genauer und werden in diesem Kapitel betrachtet:

- Information Retrieval als allgemeine Disziplin,
- Volltextsuche konzentriert auf Dokumente im Umfeld von Dokumentenmanagementsystemen,
- Enterprise Search auf der Grundlage aller unternehmensinternen Informationen.

Daneben werden allgemeine Aspekte der Suche wie Deskriptoren, die Beurteilung von Retrievalsystemen durch Gütemaße und Rechercheformen näher untersucht.

7.1   Information Retrieval

Das traditionelle Konzept des Information Retrievals versteht sich als Instrument, um Dokumente, die für eine Suchanfrage relevant sind, zu finden und in eine Rangfolge gemäß der Relevanz zu bringen.

Verstärkte Aufmerksamkeit erfährt dieses Konzept durch die Popularität des Internets und hier insbesondere des WWW (World Wide Web). Das Dilemma der Informationssuche ist der Wildwuchs. Es existieren keine eindeutigen Regeln mit Hilfe derer unkundige

© Springer Fachmedien Wiesbaden GmbH, ein Teil von Springer Nature 2019
W. Riggert, *ECM – Enterprise Content Management*,
https://doi.org/10.1007/978-3-658-25923-5_7

Nutzer ihre Suche gestalten können. Dies ist die Lücke für Suchmaschinen, die zu den attraktivsten Adressen des WWW gehören. Viele Internetnutzer orientieren sich über die reine Eingabe eines Begriffs im schier unerschöpflichen Datenmeer. Durch

- einen aussagekräftigen Systemvergleich,
- unterschiedliche Möglichkeiten der Indexierung von Dokumenten aller Art,
- einfache und effiziente Suchverfahren und
- eine schnelle Anzeige der recherchierten Dokumente

wird das Information Retrieval zu einer Basistechnologie des Internets. Schwierigkeiten bereiten vor allem die Anfrageformulierung und die Ergebnisflut (Fuhr 2010, S. 4):

- Häufig durchläuft die Anfrageformulierung mehrere Iterationen, bis passende Antworten gefunden werden,
- Anfragen liefern sehr viele Antworten, aber nur wenige davon sind für den Nutzer interessant,
- bei Textdokumenten, aber noch stärker bei Bildern zeigt sich, dass die systemintern verwendete Repräsentation des Inhalts teilweise inadäquat, auf jeden Fall aber mit Unsicherheit behaftet ist.

▶ In seiner allgemeinen Definition beinhaltet Information Retrieval die Darstellung, die Speicherung und die Organisation von Informationen sowie den Zugriff auf diese und geht damit über die rein suchorientierte Sichtweise der Anwendungen deutlich hinaus (Fuhr 2010, S. 4 ff.).

Als Suchgegenstand bezieht sich das Retrieval auf jegliche Form von Dokumenten, das heißt Briefe, Bücher, Zeitungsartikel, Protokolle, Audio- und Videoinformationen, die in einer Dokumentensammlung zusammengefasst vorliegen. Oft erschweren unterschiedliche Dateiformate die Suche, oder Dokumente sind über mehrere Standorte verteilt und mit differierenden Berechtigungen versehen; Umstände, die eine einheitliche Suche unmöglich machen, bei einer unternehmensweiten Suche aber gewünscht sein können.

Die Aufgabe einer Suche besteht darin, alle relevanten vorhandenen Dokumente einer Dokumentensammlung mittels einer Suchanfrage nachzuweisen. Zur Erfüllung dieser Anforderung werden drei Abstraktionsstufen unterschieden (Fuhr 2010, S. 5):

- *Syntax* fasst ein Dokument als Folge von Symbolen auf. Methoden, die auf dieser Ebene arbeiten, sind die Zeichenkettensuche in Texten sowie Bildretrievalverfahren, die nach Merkmalen wie Farbe, Textur und Kontur suchen.
- *Semantik* beschäftigt sich mit der Bedeutung eines Dokumentes in einem Kontext.
- *Pragmatik* orientiert sich an der Nutzung eines Dokumentes für einen bestimmten Zweck. Zum Beispiel sucht ein Student Literatur zu einem Seminarthema.

Tab. 7.1 Suche mit und ohne Retrievalmechanismen

Dokumentensuche ohne IR	Dokumentensuche mit IR
Klassifikation von Dokumenten nach Ordnungskriterien	Dokumentenerschließung durch Deskriptoren
Suche mit Schlag-/Stichwörtern oder Katalogen	Recherche über Suchanfragen

Generell lässt sich festhalten, dass Nutzer meistens an einer Suche auf der pragmatischen Ebene interessiert sind.

Die Suchanfrage in ihrer klassischen Form basiert auf Schlüsselwörtern und birgt damit die Gefahr, einen unscharfen Suchbegriff zu verwenden oder den Kontext der Anfrage zu missachten. Darüber hinaus findet eine rein syntaktische Suche statt, ohne die Bedeutung der Wörter innerhalb eines Dokumentes zu berücksichtigen. So ergibt die Eingabe des Begriffs „Bank" eine Vielzahl von Verweisen, die sowohl auf Finanzdienstleister wie auf Sitzmöbel referenzieren. Die Gegenüberstellung einer Recherche mit und ohne Retrieval-mechanismen unterstreicht die Bedeutung (siehe Tab. 7.1).

Die Architektur eines Information Retrieval-Systems umfasst in seiner allgemeinen Ausprägung vier Säulen:

- *Dokumentenerfassung* als inhaltliche Basis.
- *Indexierung* als das Kennzeichnen und Feststellen des Dokumenteninhaltes über ausge-wählte, das Dokument repräsentierende Begriffe, sogenannte Deskriptoren. Jedes Do-kument erhält „ein Etikett", das über seinen Inhalt Auskunft gibt.
- *Recherchemechanismen* zum gezielten Suchen und Wiederauffinden von Dokumenten.
- *Speicherung* zur Ablage von Dokumenten, Deskriptoren und Verweisen.

7.2 Gütemaße

Für Nutzer von Information Retrieval-Systemen stellt sich die Frage, anhand welcher Kri-terien sich die Güte des vorhandenen oder auszuwählenden Retrieval-Systems einschätzen lässt. Mehrere Kategorien von Parametern bieten sich als Güteindikatoren an:

Leistungsparameter der Dokumentenerfassung:

- die Fehlerrate bei der Erfassung,
- die Zeitverzögerung zwischen Erscheinen und Aufnahme eines Dokumentes,
- die Sachgebietsabdeckung als dem Anteil relevanter Dokumente an allen relevanten Dokumenten des Sachgebietes.

Implementationsparameter:

- Indexierungsmöglichkeiten unter Einschluss eines Begriffswörterbuches in Form eines sogenannten Thesaurus und einer Liste mit Wörtern gleicher Bedeutung zur Vereinheit-lichung der ausgewählten Deskriptoren,

Abb. 7.1 Dokumentensammlung

- eine Suchanfragesprache, die die Art der formulierbaren Suchen mittels vorgefertigter Elemente vorgibt.

Eine Dokumentensammlung als Grundgesamtheit aller Dokumente eines Fachgebietes lässt sich nach einer Recherche in gefundene und nicht gefundene Dokumente einteilen. Die gefundenen Dokumente lassen sich weiter präzisieren in für die Suchanfrage relevante und nicht relevante Dokumente. In den nicht gefundenen können sich dennoch relevante Dokumente befinden. Dieses Problem wird in Abb. 7.1 deutlich. *Gütemaße* geben die Einschätzung der Qualität der Suchergebnisse wieder (Salton und Mc Gill 1983, S. 174 ff.):

- *Precision* ist als Anteil aller relevanten Dokumente an den selektierten Dokumenten einer Suchanfrage definiert. Sie bezeichnet das Maß der in der Trefferliste enthaltenen bezüglich der Aufgabenstellung bedeutungsvollen Dokumente. Sie ist also ein Maß für die Genauigkeit der Recherche. Eine Treffermenge mit hoher Precision enthält nur wenig irrelevante Treffer.
- *Recall* bestimmt den Anteil aller relevanten Dokumente an der Gesamtzahl relevanter Dokumente der Dokumentensammlung. Hierbei handelt es sich um ein Maß für die Vollständigkeit einer Trefferliste.

Die Maße Recall und Precision bilden entscheidende Kennzahlen für ein Information Retrieval-System. Ziel jeder Suchanfrage ist es, dass die Zahl der gefundenen der Zahl der relevanten Dokumente entspricht. Die Wechselwirkung zwischen beiden Maßen zeigen folgende Überlegungen:

- Wird die Precision erhöht, wird die Anfrage spezifischer aber der Recallwert verschlechtert sich.
- Wird der Recall gesteigert, wird die Anfrage allgemeiner, aber die Precision sinkt.

Die theoretische Bedeutung der Gütemaße wird zwar allgemein anerkannt; an ihrer unscharfen Bestimmungsmöglichkeit entzündet sich jedoch Kritik:

- Beide Maße beziehen sich auf eine Dokumentensammlung. Demzufolge ist kein Leistungsvergleich unterschiedlicher Systeme für unterschiedliche Dokumentensammlungen und Benutzergruppen möglich.

- Beide Maße verändern sich mit dem Umfang der Dokumentensammlung, da relevante und irrelevante Dokumente im Allgemeinen eine ungleichmäßige Entwicklung nehmen.
- Die Relevanzeinstufung der Dokumente ist subjektiv. Daher sind beide Maße personengebunden und kein objektives Leistungskriterium.
- Die potenziellen Suchmöglichkeiten bestimmen das Messergebnis, so dass die Suchanfragesprache entscheidend den Wert beider Maße beeinflusst.

7.3 Deskriptoren und Indexierung

Ein Kerngesichtspunkt von Information Retrieval-Systemen besteht in der Identifizierung sinn- und bedeutungstragender Begriffe eines Dokumentes, die dem Benutzer als Suchkriterien bei der Formulierung seiner Anfrage dienen. Mit diesem Anspruch sind zwei Fragen verknüpft:

- Welche Begriffe sind als Deskriptoren überhaupt geeignet?
- Geben Deskriptoren den Dokumenteninhalt zutreffend wieder?

Nach ihrer Herkunft lassen sich die beschreibenden Begriffe in zwei Klassen teilen:

- *Formale Deskriptoren* verwenden Autor, Ort, Titel, Stichwörter und ähnliche Begriffe, die keinen Bezug zum Dokumenteninhalt besitzen. In vielen Anwendungen werden zu ihrer Erfassung automatisch Formulare eingeblendet, in denen Auswahllisten hinterlegt oder Kann- und Muss-Felder definiert sind. Dies schafft die Möglichkeit, Dokumente so abzulegen, wie es dem Unternehmen oder dem Einsatzgebiet entspricht.
- Die inhaltliche Erschließung vergibt *inhaltsabhängige Deskriptoren* für eine inhaltsbezogene Suche bis zur Volltextrecherche. Sie trifft auf die Schwierigkeiten, Sprache, Wortstämme und semantische Bezüge entwirren zu müssen und nur sinntragende Worte zu isolieren. Dabei erscheint eine Klassifikation nach Bedeutung sinnvoll:
  - Nomen sind bedeutungstragende Indikatoren,
  - Adjektive werden als weniger nutzbringend bewertet,
  - Präpositionen, Artikel und Konjunktionen werden aussortiert.

Die Erfassung der Deskriptoren kann grundsätzlich auf zwei Arten erfolgen:

- Die *manuelle Indexierung* wird von Experten mittels Terminologielisten und/oder Regelwerken kontrollierten Vokabulars durchgeführt; sie gestattet eine Sprachanalyse individueller Formulierungen und eine Synonymvergabe, besitzt aber den Nachteil, dass sie aufwendig, langsam und teuer ist, ihre Qualität von der konsistenten Arbeitsweise des Personals abhängt und der vordefinierte Deskriptorwortschatz statisch ist. Zudem muss der Benutzer das Indexierungsvokabular kennen, um Dokumente zu recherchieren.

Eine besondere Ausprägung dieser Indexierungsform ist die Kategorisierung der Internetadressen in bestimmte Wissensgebiete oder Rubriken. Einige der früheren Suchmaschinen (Yahoo, Lycos) setzen dieses Verfahren ein, um dem Benutzer ein bibliotheksähnliches Angebot zu schaffen. Dabei ist – und das beeinträchtigt das Suchergebnis – nicht gewährleistet, dass alle Sortierer alle Informationen gleich interpretieren. Gehört der Begriff Kino z. B. in die Kategorie Kunst oder Unterhaltung?

- Die *automatische Indexierung* verläuft als IT-gestützte Indexierung über das gesamte Vokabular des Schriftgutes, so dass die gesamte Bandbreite der Sprache mit allen Mehrdeutigkeiten und Fehlinterpretationen analysiert wird; sie unterstützt die Eliminierung häufig wiederkehrender Begriffe und die Analyse von Wortstämmen und ist schnell und preiswert. Ein häufiges Verfahren ist die Volltextindexierung, bei der bis auf Stoppwörter alle Wörter eines Textes in den Index aufgenommen werden.

Metainformationen (siehe Abb. 7.2 für ein WORD-Dokument) als strukturierte Daten, die Informationen über Merkmale anderer Daten enthalten, bilden eine besondere Form der Dokumentenbeschreibung. Einerseits werden sie von den Anwendungen den Dokumenten automatisch zugeordnet, andererseits besitzen sie formalen Charakter und entsprechen damit einem vorgegebenen Umfang an Beschreibungselementen, wie sie die manuelle Indexierung verwendet. Für eine Suche bilden Metadaten Ordnungskriterien. Je mehr Ordnungskriterien verwendet werden, desto flexibler kann eine Suche relevante Ergebnisse liefern, insbesondere weil Nutzer nach diesen Kriterien filtern und ihre Suchauswahl einschränken können.

Zur Verwaltung der Indexe dienen invertierte Listen als Datenstruktur. Kennzeichen dieses Ansatzes ist die Nutzung mehrerer zusammenhängender Tabellen (siehe Abb. 7.3).

Sollen im Gegensatz zu Einzelbegriffen mehrere Begriffe für eine Suchanfrage kombiniert werden, wie z. B. „Information Retrieval", existieren zwei Möglichkeiten des Deskriptoraufbaus:

- *Präkoordination* als Kombination kontextbezogener Deskriptoren zu einem Indexierungsbegriff,
- *Postkoordination* als Verknüpfung von Einzeldeskriptoren zu Mehrwortbegriffen mittels Kontextoperatoren, z. B. „Information ADJ Retrieval" (ADJ=adjacent).

Die Herausforderung des Information Retrievals besteht nun darin, Verfahren zur automatischen Indexierung zu entwickeln, die eine gute Retrievalleistung im Sinne von Precision und Recall liefern. Nach steigender Leistung unterscheidet man drei an den Gütemaßen orientierte Konzepte:

- Der *zeichenkettenorientierte Ansatz* beinhaltet die isolierte Betrachtung einzelner Wörter, wobei alle „nicht trivialen Wörter" das Indexierungsvokabular bilden. In seiner reinen Ausprägung erbringt er eine wenig zufriedenstellende Leistung.

Abb. 7.2 Metainformationen
eines WORD-Dokumentes

Eigenschaften ⌄

Größe	34,5KB
Seiten	6
Wörter	1922
Gesamtbearbeitungszeit	0 Minuten
Titel	Titel hinzufügen
Tags	Tag hinzufügen
Kommentare	Kommentare hinzuf...
Vorlage	**Normal.dotm**
Status	Text hinzufügen
Kategorien	Kategorie hinzufügen
Betreff	Thema angeben
Linkbasis	Text hinzufügen
Firma	Firma angeben

Relevante Datumsangaben

Letzte Änderung	Heute, 08:39
Erstellt	Gestern, 14:59
Zuletzt gedruckt	

Relevante Personen

Manager	Manager angeben
Autor	Riggert
	Autor hinzufügen
Zuletzt geändert von	Riggert

Verwandte Dokumente

📄 Dateispeicherort öffnen

Weniger Eigenschaften anzeigen

- Der *statistische Ansatz* erfasst die Häufigkeitsverteilung der Begriffe in den Dokumenten einer Dokumentensammlung und stellt auf dieser Basis eine Beziehung der Dokumente untereinander her. Daraus ergibt sich eine gezieltere Dokumentenauswahl, insbesondere wenn die gefundenen Dokumente in eine Relevanzreihenfolge gebracht werden.
- Der *linguistische Ansatz* steigert die Retrievalleistung durch eine syntaktische Dokumentenanalyse und eine Grund- und Wortstammreduktion der Begriffe. Dabei ist vor allem auch an eine Behandlung von Wortzusammensetzungen gedacht. In diesem

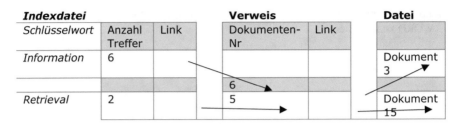

Abb. 7.3 Beispiel einer invertierten Liste

Zusammenhang sind einige Definitionen von Interesse, die die sprachlichen Möglichkeiten ausdrücken, das Indexierungsvokabular zu reduzieren:

- Als *Stemming* (Grundformenreduktion, Normalformenreduktion) bezeichnet man
  ein Verfahren, mit dem verschiedene morphologische Varianten eines Wortes auf
  ihren gemeinsamen Wortstamm zurückgeführt werden. Zum Stemming gibt es verschiedene Algorithmen für verschiedene Sprachen, die aber niemals das erwartete
  Potenzial ausschöpfen.
- Das *Derivat* leitet sich aus der Grundform ab, z. B. Schönheit aus schön.
- Die *Flexion* beinhaltet die Deklination oder Konjugation eines Wortes.

Das Ziel, insbesondere des Stemmings, ist durch mehrere Gründe motiviert:

- Die Komplexität sämtlicher Wörterbücher wie des Thesaurus zu verringern,
- die statistische Grundlage der Deskriptorwahl durch Reduktion der Begriffsvielfalt zu
  verbessern,
- die Benutzerfreundlichkeit zu steigern, da sonst ein hohes Maß an Einsicht in die Mor-
  phologie einer Sprache erforderlich ist.

Allerdings bereiten Wortzusammensetzungen Probleme. So erzeugen Begriffe, wie
z. B. Programmiersprache, -umgebung und -technik, eine hohe Spezifität der Deskriptoren, die Recallverluste und eine steigende Komplexität des Thesaurus verursachen.

Ein Ziel von Information Retrieval-Systemen besteht darin, Verfahren vorzuschlagen,
die gute Deskriptoren im Sinne der Gütemaße erzeugen. Dieser Gewinnungsprozess lässt
sich theoretisch in mehrere Phasen gliedern und auf den einzelnen Stufen nahezu beliebig
verfeinern. Als Ausgangspunkt dient häufig der einfache Ansatz, Worthäufigkeiten zu berücksichtigen.

Das *Zipfsche Gesetz* stellt eine Begriffsrangfolge auf der Grundlage von Häufigkeiten
innerhalb eines Dokumentes auf und leitet daraus ein Indiz für die Entscheidungsstärke
eines Begriffes ab:

1. die Wörter eines Dokumentes werden absteigend nach ihrer Häufigkeit geordnet,
2. dann gilt (Salton und Mc Gill 1983, S. 65): Häufigkeit * Rang $\cong$ konstant

Die Entscheidungsstärke beschreibt die Fähigkeit des Deskriptors, relevante Dokumente zu selektieren bzw. irrelevante zu erkennen. Die entscheidungsstärksten Deskriptoren liegen dem Zipfschen Gesetz zufolge im mittleren Häufigkeitsbereich, da sehr häufig auftretende Begriffe das Dokument wenig beschreiben und gegenüber anderen abgrenzen und selten vorkommende Wörter eine Charakterisierung eher zufällig erscheinen lassen.

Aber auch der Kontext, in dem die einzelnen Begriffe stehen, ist von Bedeutung. Der Begriff „Computer" findet sich häufig in einer Dokumentensammlung über Informatikthemen und bildet daher gemäß der Entscheidungsstärke keinen verwertbaren Deskriptor; tritt er allerdings in einer elektrotechnischen Sammlung auf, stellt er auf Grund seiner Seltenheit einen verwertbaren Deskriptor dar. Daher gilt: Ein entscheidungsstarker Deskriptor kommt in wenigen Dokumenten häufig und in vielen selten vor.

Um das bisherige Verfahren zu verbessern, werden Stoppwörter aussortiert. *Stoppwörter* sind Wörter mit einem niedrigen Rangplatz gemäß der Häufigkeitsverteilung in einer Dokumentensammlung, im Allgemeinen Funktionswörter wie: und, aber, auf, wie, der, die, das etc. Aufgrund des Zipfschen Gesetzes sind sie als nicht bedeutungstragend einzuordnen.

Eine weitere Verfahrensverbesserung nutzt die Idee der Entwicklung eines „natürlichsprachlichen" Anfragemodells, das die Suchanfrage des Benutzers mit den Deskriptoren der Dokumente in der Dokumentsammlung vergleicht. Die Anfrage vergleicht dabei den Suchvektor mit demjenigen der Dokumente auf der Grundlage von Ähnlichkeiten (mathematisch: Skalarprodukt) und ordnet die selektierten Dokumente nach abnehmender Ähnlichkeit = Ranking. Dieses Verfahren wurde schon Ende der 60er-Jahre vorgeschlagen (Salton und Mc Gill 1983, S. 72 f.).

Als weiteres Hilfsmittel zur Verbesserung und Vereinheitlichung der Deskriptorauswahl kann ein Thesaurus verwendet werden. Ziel ist es, einen Begriff, der den Inhalt eines Dokumentes nur schlecht oder gar nicht zu beschreiben vermag, so zu modifizieren, dass er als Deskriptor dienen kann. Das Mittel hierzu ist die Begriffsassoziation, das heißt die Verallgemeinerung des Begriffes auf seinen Wortstamm oder seine Spezifizierung auf bestimmte Bedeutungsfelder. Der Thesaurus als ein nach bestimmten Ordnungskriterien aufgebautes Wörterbuch beinhaltet das entsprechende Vokabular. Er stellt ein sprachsemantisches Gerüst von einzelnen hierarchisch angeordneten Wörtern dar. Seine Verwendung als vordefinierte Deskriptorliste mit kontrolliertem Indexierungsvokabular richtet sich historisch an die manuelle Indexierung, was seiner IT-unterstützten Nutzbarkeit aber nicht im Wege steht. Sein Aufbau setzt Einträge zueinander in Beziehung:

- *Hierarchische Verweise* mit Ober- und Unterbegriffen; z. B. Gitarre → Musikinstrument; Kühlung → Konvektions-, Verdampfungskühlung
- *Assoziative Verweise* z. B. „siehe"-Verweise, die den Eintrag für Begriffe spezifizieren, die nicht in der Indexierungssprache existieren, wie „Verkehrsflugzeug siehe Flugzeug"; „siehe-auch"-Verweise, die Verweise zwischen Gruppen verwandter Begriffe herstellen, z. B. „Unfall siehe auch Kollision", wobei beide Begriffe zum Indexierungsvokabular gehören.

Probleme ergeben sich vor allem aus folgenden Gründen:

- Der Wortschatz verändert sich ständig, so dass der Thesaurus ein offenes System von Begriffen sein muss.
- Die einzelnen Thesaurusklassen sollten Begriffe enthalten, die ungefähr die gleiche Dokumentenfrequenz aufweisen. Dadurch wird verhindert, dass innerhalb der einzelnen Klassen die Precision sinkt.
- Mehrdeutige Begriffe verlangen die Aufnahme von Synonymen, die auf das Themenspektrum der Dokumentensammlung abgestimmt sein müssen.

Je dynamischer sich eine Fachsprache entwickelt, desto schwieriger gestaltet sich die Thesauruspflege, da die Integration neuer Begriffe in bestehende Klassen und die Bildung neuer Thesaurusklassen im Extremfall den vollständigen Neuaufbau der Deskriptoren zur Folge haben.

7.4   Rechercheformen

Der Benutzer formuliert seine Suche üblicherweise in Form einer Anfrage. Dazu gibt er im einfachsten Fall lediglich seinen Suchbegriff ein oder kombiniert bei komplexeren Anfragen seine Suchbegriffe mit ausgewählten Operatoren, so dass vielfältige Kategorien von Suchvorgängen entstehen.

Die einfachste Form einer Suchanfrage besteht darin, in ein dafür bestimmtes Feld einer Eingabemaske den gewünschten Suchbegriff einzugeben. Die erweiterten Einstellungen von Suchmaschinen – hier das Beispiel Google – lassen weitere Suchformen zu (siehe Abb. 7.4).

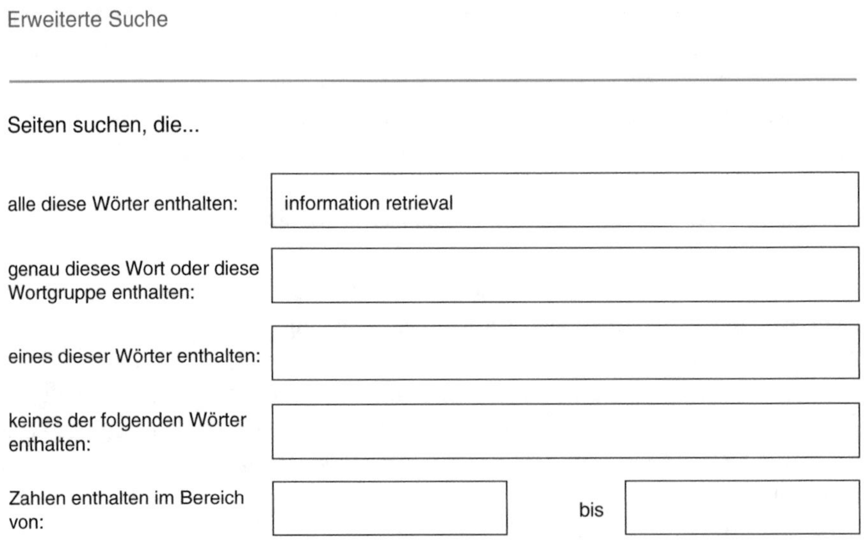

Erweiterte Suche

Seiten suchen, die...

alle diese Wörter enthalten: information retrieval

genau dieses Wort oder diese
Wortgruppe enthalten:

eines dieser Wörter enthalten:

keines der folgenden Wörter
enthalten:

Zahlen enthalten im Bereich
von: bis

Abb. 7.4 Mögliche Suchformen

Neben der Eingabe des Suchbegriffs zielt eine zweite Form auf die Berücksichtigung des logischen Operators „UND". Während bei der ersten Eingabe nur die Begriffe Information und Retieval in den Ergebnissen vorkommen müssen, bezieht sich die zweite auf die unmittelbare Nachbarschaft bzw. auf das zusammenhängende Vorkommen. Sie erlaubt also Komposita. Die Eingabe setzt die Verwendung des Suchbegriffs in Hochkommata voraus. Wird toleriert, dass nur einer der eingegebenen Begriffe vorkommen muss, wird dies mit dem Operator „OR" angezeigt. Das explizite Ausklammern von Begriffen, das heißt die Verwendung des Operators „NOT", wird durch ein vorangestelltes Minus-Zeichen markiert.

Andere Suchformen wie trunkierte Suchen mittels Wildcard-Symbolen, Wortstammsuchen oder hierarchisches Suchen gemäß einem Thesaurus sind üblicherweise auf Grund des hohen Aufwandes nicht implementiert. Sie sind aber in der Volltextsuche von Dokumentenmanagementsystemen zu finden.

Auch die Ergebnismenge lässt sich beeinflussen. So lässt sich eine Auswahl nach Sprachen, Regionen, Zeit, Position im Dokument oder Dateiformat eingrenzen (siehe Abb. 7.5 am Beispiel Google).

Das Ranking der Suchergebnisse nach Relevanz steht für den Benutzer im Zentrum seines Interesses. Die Relevanz spiegelt den Grad der Angemessenheit eines Informationsobjektes für die Fragesituation wider. Dabei wird thematische Relevanz, die sich als

Abb. 7.5 Eingrenzung der Suchergebnisse am Beispiel Google

semantische Nähe von Suchkonzept und Informationsobjekt versteht, von der pragmatischen Relevanz, die sich aus dem Nutzen für den späteren Verwender ableitet, unterschieden. Diese Unterscheidung verhilft aber kaum zur Operationalisierung des Konzeptes; denn als formalisierte Beziehung zwischen Ressource und Anfrage ist Relevanz letztlich ein Artefakt und nicht die empirische Größe, die eigentlich Ranking ausmacht.

Die meisten Information Retrieval-Systeme interpretieren Relevanz auf der Basis eines Vergleichs der Benutzeranfrage mit der Darstellung der Informationsobjekte. Im Unterschied zu Datenbankanfragen ist dieser Vergleich grundsätzlich unvollständig, da einerseits nicht alle relevanten Objekte gefunden werden müssen und andererseits nicht alle gefundenen Objekte relevant sind. Relevanzfunktionen versuchen, andere Merkmale wie Aktualität, Position der Anfragebegriffe in der Referenz oder Dateiformate auszuwerten. Ein Verfahren, das besondere Bedeutung erlangt hat, ist das in Google verwendete PageRank. Das Konzept besteht darin, die Beziehung der Dokumente untereinander auszunutzen. Dabei gelten folgende Annahmen (https://www.suchmaschinen-doktor.de/algorithmen/pagerank.html):

- Webseitenlinks implizieren eine (subjektive) hohe Meinung von anderen Webseiten,
- je mehr Links auf eine bestimmte Seite zeigen, desto „bedeutender" ist diese,
- je „bedeutender" eine Seite ist, desto bedeutender sind die auf ihr enthaltenen Links,
- je weniger Links eine Seite enthält, desto „bedeutender" ist jeder einzelne Link.

Auffällig ist, dass dieses Verfahren ohne Bezug zur Anfrage auskommt und deshalb im Voraus berechnet werden kann. In den PageRank fließt die „*Wichtigkeit*" der Seite, die den Link setzt, ein. Das bedeutet, dass mit dem PageRank nicht der **Inhalt** einer Internetseite bewertet wird, sondern vielmehr die Beziehungen der einzelnen Seiten zueinander.

Die im PageRank-Verfahren berücksichtigten Links werden als Vertrauensvorschuss an den Betreiber der Webseite angesehen. Diese Methode birgt jedoch die Gefahr, dass Webseitenbetreiber möglichst viele, aber unbrauchbare Links generieren, um ihren PageRank zu erhöhen. Dadurch würde die Webseite bei Suchanfragen auf einer höheren Position angezeigt. Mittlerweile spielen neben den genannten noch viele weitere Kriterien eine Rolle, zu denen Google aber keine genauen Angaben mehr zur Verfügung stellt. Seit Dezember 2013 wird der Toolbar-PageRank, den Google bis dahin als Orientierungswert zur Verfügung gestellt hatte, nicht mehr aktualisiert. 2016 verkündete Google auch offiziell das Ende der Toolbar und stellte die Auslieferung entsprechender Daten ein, sodass Browser, Plug-ins und Toolbars keine Werte mehr bestimmen können (http://blog.seitwert. de/google-pagerank-ist-abgeschaltet/).

Nicht jede Suche verläuft erfolgreich und zur Zufriedenheit des Nutzers. Der Grund hierfür kann in allgemeinen Beschränkungen liegen, die sowohl technische als auch softwareergonomische Grenzen widerspiegeln (siehe Tab. 7.2).

Tab. 7.2 Grenzen einer Suche

Merkmal	Beschreibung
Zahl der indexierten Dokumente	Jede Suchmaschine verfügt nur über eine begrenzte Kapazität. Sie kann daher nur einen Teil der weltweit erreichbaren Dokumente wiedergeben
Aktualität	Die automatischen Suchmöglichkeiten zur Volltextindizierung können alle Seiten nur mit zeitlicher Verzögerung berücksichtigen
Suchtiefe	Die Analyse der gesamten Verzeichnisstruktur einer Website überfordert selbst die leistungsfähigsten Suchprogramme
Seitenausschluss	Jeder Betreiber eines Webservers kann bestimmte Verzeichnis- oder Dateistrukturen von einer Indizierung ausschließen
dynamisch generierte Seiten	HTML-Seiten, die als Ergebnis einer Datenbankrecherche entstehen, sind aufgrund ihrer temporären Existenz nicht suchbar

7.5 Suche in Dokumentenmanagementsystemen

Je mehr Dokumente und Daten in einem Dokumentenmanagementsystem hinterlegt sind, desto wichtiger werden komfortable und leistungsfähige Suchfunktionen über die Metadaten und die Dokumentinhalte. Dazu müssen der Dokumentinhalt (Content), die Metadaten (Index) und Annotationen und Notizen/Kommentaren, die zum Dokument hinzugefügt wurden, suchbar sein. Nur dann kann anschließend über die Kriterien einzeln oder in Kombination gesucht werden:

- Dokumentinhalt,
- Annotationen,
- Notizen/Kommentare,
- Indexdaten (Metadaten).

Die Trefferlisten der Suche können als Vorschau (ähnlich Google) angezeigt werden, um schneller die Relevanz eines gefundenen Dokumentes beurteilen zu können. Die verwendeten Operatoren sind sehr vielfältig:

- Wörter, die enthalten sein müssen bzw. nicht enthalten sein dürfen,
- Near by-Suche, bei der mit mehreren Wörtern gesucht wird, die nahe beieinander liegen müssen,
- exakte Phrasen, um zusammenhängende Wörter zu finden,
- Wildcard-Suche mit * und ?
- Wortstammanalysen umfassen den Teil eines Wortes bei der Grundform und Derivat übereinstimmen, zum Beispiel programmieren und Programmierer mit einer Stammform Programm,
- Normalisierung kritischer Zeichen/Umlautagnostisches Suchen: Suche nach „Rene" findet auch „René".

Über eine unscharfe Suche (*fuzzy search*) lassen sich auch Dokumente finden, in denen die gesuchten Begriffe Rechtschreibfehler wie z. B. Buchstabendreher enthalten oder in denen es für einen Begriff mehrere Schreibweisen gibt.

7.6   Enterprise Search

Enterprise Search (Crenze 2012, S. 2) als ein neues Konzept indexiert Inhalte nicht nur nach Text, sondern gleichzeitig anhand von Metadaten über verschiedene IT-Systeme, Dokumentenformate und Zugriffsprotokolle. Dabei müssen die den Applikationen innewohnenden Berechtigungssysteme berücksichtigt werden. Ein systemübergreifend erstellter Index ermöglicht unter anderem einen konsolidierten Zugriff auf alle geschäftsprozessrelevanten Informationen. In Verbindung mit einem personalisierbaren Portal lassen sich damit nutzergruppenorientiert Informationsströme kanalisieren. Bereits vorhandene Informationsstrukturen wie z. B. Lexika oder Vokabelverzeichnisse müssen integrierbar sein.

Ein weiteres Anwendungsfeld besteht in der Analyse von Suchanfragen, Suchergebnissen und den aus ihnen erfolgten Zugriffen auf Dokumente. Aus diesen Informationen lassen sich wertvolle Rückschlüsse für die Optimierung einer Suchlösung ziehen. Dies gilt nicht nur für das Ranking von Suchergebnissen, sondern auch für die Generierung von Suchvorschlägen und den Hinweis auf semantisch verwandte Informationen zu einem Suchtreffer.

7.7   Kontrollfragen

1. Welche Suchprinzipien zeichnen Retrievalsysteme aus?
2. Was wird unter Metadaten verstanden?
3. Was ist das besondere Merkmal von Deskriptoren?
4. Welche Vor- und Nachteile sind mit manueller und automatischer Indexierung verbunden?
5. Definieren Sie die Gütemaße Recall und Precision. Welche Probleme sind mit ihnen verbunden?
6. Was ist die Funktion eines Thesaurus?
7. Vergleichen Sie die erweiterten Suchmöglichkeiten unterschiedlicher Suchmaschinen miteinander.
8. Worin liegen Unterschiede zwischen Internetsuchmaschinen und der Suche im Dokumentenmanagement begründet?
9. Welche logischen Operatoren werden zum Retrieval hauptsächlich genutzt?
10. Warum wird nur selten die trunkierte Suche implementiert?

Literatur

Crenze U (2012) Enterprise Search – Komponente für das unternehmensweite Informationsmanagement. DOK, S 6–10
Fuhr N (2010) Information Retrieval, Skript zur Vorlesung
Salton G, Mc Gill M (1983) Information Retrieval – Grundlegendes für Informationswissenschaftler. Mc Graw Hill, Hamburg

Archivierung

8

Diese Komponente dient zur langfristigen und unveränderbaren Aufbewahrung von Informationen. Im Laufe der Zeit hat sich die Funktionalität stark verändert, indem Aspekte wie Compliance, Revisionssicherheit, Mail-Archivierung und rechtliche Gesichtspunkte hinzugekommen sind. Im Gegensatz zur einfachen Ablage in Form einer Datenspeicherung spielt insbesondere die Archivierungspflicht eine herausragende Rolle. Diese Aspekte werden einzeln in diesem Kapitel beleuchtet.

8.1 Compliance

Mit der Compliance hat sich ein Begriff gebildet, der eine rechtliche Dimension besitzt. Oft wird Compliance auf die Erfüllung rechtlicher Anforderungen reduziert. Allenfalls die Nachweisbarkeit geschäftsrelevanter Unterlagen wird als Gegenstand gesehen. Wie lässt sich der Begriff nun allgemein verstehen?

▶ Compliance ist die Übereinstimmung mit und Erfüllung von rechtlichen und regulativen Vorgaben (Kampffmeyer 2012, S. 17).

Diese Definition hat Dokumente und deren Dokumentationspflicht im Blickfeld und verlangt, dass sich alle Handelnden im Unternehmen rechts- und regelungskonform verhalten. Sie schließt papiergebundene Geschäftsvorfälle ebenso ein wie elektronische Akten. Im Unternehmen eingesetzte Informationstechnologie birgt organisatorische, infrastrukturelle aber auch anwendungs- und prozessbezogene Risiken. Damit erlangen auch elektronische Faxe, E-Mails oder Attachments Bedeutung. Auch für sie gilt, dass Eigenschaften wie Authentizität, Vollständigkeit, Nachvollziehbarkeit, Integrität und Unveränderbarkeit sicherzustellen sind. Neben den technischen Herausforderungen ergeben sich damit vor

© Springer Fachmedien Wiesbaden GmbH, ein Teil von Springer Nature 2019
W. Riggert, *ECM – Enterprise Content Management*,
https://doi.org/10.1007/978-3-658-25923-5_8

allem inhaltliche Probleme. Für jedes Objekt muss erkannt werden, ob es einer Aufbewahrungspflicht unterliegt oder nicht. Compliance definiert also das regelkonforme Verhalten eines Unternehmens, das heißt die Übereinstimmung seiner Aktivitäten mit gesetzlichen und regulativen Anforderungen, die sicherstellen sollen, dass die mit der unternehmerischen Tätigkeit verbundenen Risiken antizipiert werden können.

Compliance im Sinne von gesetzeskonformer Verwaltung und Archivierung von Informationen hat damit Einfluss auf Geschäftsprozesse und auf deren Kontrollmechanismen. Dazu gehört auch die Archivierung von E-Mails. Oft genug zeigt das Bemühen um Compliance, das Geschäftsprozesse unkoordiniert verlaufen, kein Zugriff auf zentrale aktuelle Daten besteht und eine unstrukturierte Speicherung und Archivierung einer lückenlosen Dokumentation und Nachvollziehbarkeit im Wege stehen. Hinzu kommt, dass das Vertrauen in die vollständige elektronische Archivierung wenig ausgeprägt ist. E-Mails und Dateien werden oft ausgedruckt und abgeheftet, obwohl sie sowohl auf Servern als auch auf Backup-Medien gespeichert sind. Die Umstellung von Papier auf die digitale Nutzung, Verteilung und Archivierung bleibt für viele Unternehmen eine Herausforderung.

8.2   Archivierung

Ein Archiv ist eine Einrichtung zur systematischen Erfassung, Erhaltung und Betreuung von Schriftgut. Es sammelt folglich Quellenmaterial in Form von Urkunden, Akten, Amtsbüchern, Karten, Plänen etc. Seine Aufgabe besteht darin, die technische Sicherung der Archivalien und ihre Erschließung und Verfügbarmachung für Interessenten, vor allem für die Forschung, zu gewährleisten. Daraus ergibt sich, dass das Material „archivierungswürdig" sein muss, ein Interesse am Inhalt bestehen soll und es das Handeln eines Unternehmens widerspiegelt.

„Bei der Archivierung handelt es sich um eine [...] analytische Aufgabe. Die Archivare müssen festlegen, was archiviert wird und was vernichtet werden kann." (nach Becker, T.)

Was wird nun unter Archivierung im Kontext von Dokumenten verstanden?

▶ Die wirksame Verhinderung unzulässiger Änderungen und die Sicherstellung der Reproduktionsfähigkeit aufbewahrungspflichtiger Inhalte über die Dauer der Aufbewahrungsfrist einschließlich der Protokollierung zulässiger Änderungen (Zöller & Partner 2012, S. 21).

Noch bis vor wenigen Jahren wurden sämtliche Arbeitsvorgänge und Informationen fast ausschließlich auf Papier festgehalten, verwaltet und weiterverarbeitet. Die Bearbeitung erfolgte anhand der Wiedervorlage und die Ablage in Form systematischer Archive. Hatten die Unterlagen den Zenit der Nutzung überschritten, wurden sie vom Schreibtisch in den Keller verfrachtet. Elektronische Ablage- und Archivierungssysteme sind daher nicht revolutionär. Ihr grundlegendes Konzept hat sich über die Zeit nicht verändert, was sich aber gewandelt hat, ist die Informationsmenge. Die Informationsflut nimmt ständig zu, ohne dass die zugrundeliegenden Prozesse angepasst werden. Überdeckt wird diese Tatsache durch verfeinerte Methoden der Suche, die automatische Klassifikation und die technischen Verwaltungsabläufe.

Abb. 8.1 Archivierungszeitspanne

Archive unterscheiden zwei grundsätzliche Aspekte (siehe Abb. 8.1):

- Bei der **Langzeitablage** geht es darum, die Informationen langfristig abzulegen und zugreifbar zu halten. Für Unternehmen ist das Langzeitarchivieren von Unterlagen aus zwei Gründen unverzichtbar.
    - Zum einen erfordern gesetzliche Vorgaben wie das Handelsgesetzbuch (HGB), die Abgabenordnung (AO) und die Grundsätze zur ordnungsmäßigen Führung und Aufbewahrung von Büchern, Aufzeichnungen und Unterlagen in elektronischer Form sowie zum Datenzugriff (GoBD), dass Firmen Geschäftsdaten bis zu zehn Jahre lang aufbewahren. Diese Daten müssen Firmen Behörden, etwa dem Finanzamt, bei Bedarf umgehend und in einem maschinenlesbaren Format zur Verfügung stellen.
    - Zum anderen wegen der Beweissicherung, beispielsweise im Rahmen eines Schadenersatzprozesses wegen eines angeblichen Konstruktionsfehlers eines Produkts. Dann muss ein Unternehmen auch noch nach Jahrzehnten die Originalunterlagen vorlegen können.
- Die **revisionssichere Ablage** erfolgt nach den Vorgaben des Handelsgesetzbuches (HGB), der Abgabenordnung (AO) oder den Grundsätzen ordnungsgemäßer Buchführung (GoBS). Hier spielen nicht nur die Speicherung, sondern die Unveränderbarkeit, die Sicherheit, die Vollständigkeit und die verlustfreie Reproduzierbarkeit eine entscheidende Rolle.

Im Lebenszyklus eines Dokumentes ist die Archivierung die letzte Station. Die Dauer der Aufbewahrung, bestimmt durch

- gesetzliche Aufbewahrungsfristen für viele Geschäftsvorfälle,
- organisatorische Anforderungen in Form eines Dokumentations- und Revisionswunsches,
- die Zugriffshäufigkeit,
- ihre historische Bedeutung und
- ihren Informationsgehalt,

entscheidet dabei darüber, welche Archivform gewählt werden kann:

- *Arbeitsplatzarchive* bestehen aus aktuell bearbeiteten Dokumenten, wobei die Ordnung von der Bearbeitungsmethode abhängt und individuell definiert wird,
- *Abteilungsarchive* besitzen lediglich Informationsstatus und betreffen nur wenige Dokumente. Die Ordnungskriterien der abgelegten Dokumente sind abteilungsübergreifend mit entsprechenden Zugriffsberechtigungen festgelegt,

- *Unternehmensarchive* sind Langzeitarchive zur Erfüllung gesetzlicher und organisatorischer Bestimmungen mit einer geringen Rückgriffquote und zentral definierten Ordnungskriterien.

Der Nutzen elektronischer Archive ergibt sich fast zwangsläufig aus den Nachteilen herkömmlicher Ablagetechnik. Jedes Dokument wird nur ein einziges Mal erfasst und im zentralen Archiv abgelegt – unabhängig von Art und Herkunft. Eine Vielzahl von Arbeitsvorgängen, angefangen beim Kopieren über das Verteilen, die Zwischenablage bis hin zum Abheften und Einordnen, entfällt. Damit werden erhebliche Mengen an Papier gespart, und was entscheidender ist: Langes Suchen, weite Wege, die Frage, ob ein Beleg auch tatsächlich in der neuesten Version vorliegt, sind Probleme, die der Vergangenheit angehören. Auf Knopfdruck lässt sich jedes Dokument am Bildschirm reproduzieren, was die Transparenz auch über Abteilungsgrenzen hinweg deutlich erhöht. Arbeitsabläufe lassen sich auf dieser Basis besser optimieren, was neben Kostenvorteilen und Komfort für die Mitarbeiter auch zur Verbesserung des Services nach außen beiträgt. Insofern leistet elektronische Archivierung einen nicht unerheblichen Beitrag zur Deckung des steigenden Kommunikationsbedarfes eines Unternehmens und zur verbesserten Informationsversorgung der an einen Geschäftsprozess beteiligten Personengruppen.

Ein zweites Argument besteht in der Kombinationsmöglichkeit vieler einzelner Dokumente zu virtuellen Akten. Üblicherweise werden Daten medienbezogen gespeichert. Zu jedem Vorgang im ERP-System gehören aber E-Mails, Office-Dokumente und Papierbelege, die ebenfalls abgelegt werden müssen. Eine elektronische Akte beseitigt hier den Medienbruch und erlaubt eine themenbezogene Bearbeitung. Die virtuelle Akte übernimmt damit die Rolle einer strukturierten Anzeige von Informationen, die in einem logischen Sachzusammenhang stehen, wie etwa Vorgang, Kunde, Produkt und Bestellung. Diese Eigenschaft macht die virtuelle Akte über die reine Archivierung auch für die Vorgangsbearbeitung einsetzbar. Je nach Berechtigung und Datenbasis sind unterschiedliche Sichten auf die Archivdaten möglich, so dass jeder Mitarbeiter gemäß seiner Rolle die für ihn bestimmten Daten einsehen und bearbeiten kann.

Für Unternehmen stellt sich die Frage, welche Anforderungen bei der Archivierung von digitalen Daten, insbesondere auch unter Langzeitgesichtspunkten, beachtet werden müssen. Aus gesetzlicher Sicht dürfen archivierte Dokumente nachträglich nicht mehr verändert werden, das heißt, dass nachweisbar sein muss, dass keine Veränderung an den Dokumenten vorgenommen wurde. Hierfür ist eine Verfahrensdokumentation notwendig, in der der Umgang mit Dokumenten und der Ablauf der damit verbundenen Tätigkeiten niedergelegt sind. Die Beachtung der Verfahrensdokumentation ist dabei in regelmäßigen Abständen zu überprüfen. Archivierte, personenbezogene Informationen unterliegen Aufbewahrungsfristen, nach deren Ablauf sie zu vernichten sind. Kaufmännische Dokumente sind im Gegensatz dazu für einen Mindestzeitraum vorzuhalten, können jedoch auch darüber hinaus archiviert werden.

Im Laufe der Zeit haben sich unterschiedliche rechtliche Grundlagen herausgeschält, die aus Archivierungssicht beachtet werden müssen. Die Basis bilden das Handelsgesetzbuch

(HGB), die Abgabenordnung (AO) und das Bürgerliche Gesetzbuch (BGB). Darauf beziehen sich in historischer Reihenfolge die Grundsätze DV-gestützter ordnungsgemäßer Buchführung (GoBS), die Grundsätze des Datenzugriffs und der Prüfbarkeit digitaler Unterlagen
(GDPdU) und die Grundsätze zur ordnungsmäßigen Führung und Aufbewahrung von Büchern, Aufzeichnungen und Unterlagen in elektronischer Form sowie zum Datenzugriff
(GoBD). Auf diesen Gesetzen und den hieraus abgeleiteten Grundsätzen basieren die Anforderungen an die elektronische Archivierung.

Als generelle Anforderungen an zu archivierende Dokumente leiten sich daraus gemäß
§§ 238, 239 HGB mehrere Anforderungen ab. Dokumente haben

- vollständig,
- geordnet,
- sachlich richtig,
- zeitgerecht,
- in angemessener Zeit nachvollziehbar,
- mit dem Original inhaltlich und bildlich übereinstimmend und
- über den Archivierungszeitraum hinweg in angemessener Zeit verfügbar und lesbar

zu sein.

Die GoBS stellen eine Erläuterung zum Handelsgesetzbuch und zur Abgabenordnung
in Bezug auf die ordnungsmäßige Behandlung elektronischer Dokumente dar. Sie regeln
die Behandlung aufbewahrungspflichtiger Daten und Belege in elektronischen Buchfüh-
rungssystemen sowie in revisionssicheren Archivsystemen.

Die Verfahrensdokumentation nach den Grundsätzen ordnungsgemäßer DV-gestützter
Buchführungssysteme (GoBS) enthält keine präzisen Vorgaben, wohl aber Elemente, die
enthalten sein müssen. Dazu zählen die Darlegung der Rechtsgrundlagen für die Archivierung, die Beschreibung der sachlogischen Lösung aus Anwender- und aus Programm-
sicht, die Erfassung der Originale, die Datensicherheit und ein internes Kontrollsystem.

Leitlinien zeigen den ordnungspolitischen Rahmen auf, in dem sich Unternehmen mit
elektronischer Buchführung bewegen. Die konkrete Umsetzung kennt neun Bereiche, für die
Vorkehrungen getroffen werden müssen, um den formulierten Anforderungen zu genügen:

1. Anwendungsbereich
2. Beleg-, Journal- und Kontenfunktion
3. Buchung
4. Internes Kontrollsystem IKS
5. Datensicherheit
6. Dokumentation und Prüfbarkeit
7. Aufbewahrungsfristen
8. Wiedergabe der auf Datenträgern geführten Unterlagen
9. Verantwortlichkeit

Ergänzt wurden diese Bereiche durch Grundsätze des Datenzugriffs und der Prüfbarkeit digitaler Unterlagen (GDPdU). Durch Änderungen der Abgabenordnung erhielt die Finanzverwaltung ab dem 01.01.2002 im Rahmen von Betriebsprüfungen weitgehende Zugriffsrechte auf die IT-Systeme der Unternehmen (Bitkom 2015, S. 59):

- Die GDPdU gelten für alle steuerrelevanten Daten. Dies sind insbesondere Daten aus der Finanz-, der Lohn- und der Anlagenbuchhaltung.
- Aber auch weitere Daten können steuerrelevant sein, wenn sie für die Besteuerung des Unternehmens von Bedeutung sind. Wird zum Beispiel in einem Unternehmen ein eigenes System für die Reisekostenabrechnung betrieben und werden nur die Summenbuchungen in die Lohnbuchhaltung übernommen, dann wäre auch dieses Reisekostenabrechnungssystem für die Lohnsteuer relevant.
- Desgleichen sind alle elektronisch (z. B. als Excel-Datei) erstellten Berechnungsgrundlagen für den Datenzugriff zugänglich zu halten, wenn lediglich die Berechnungsergebnisse in die Buchführung eingegangen sind. So können z. B. Preiskalkulationen steuerrelevant sein, wenn sie zur Bestimmung der Herstellungskosten oder als Vergleichsmaßstab für konzerninterne Verrechnungspreise herangezogen werden können.

Die GoBD treten die Nachfolge der GoBS und der GDPdU an. Die historische Entwicklung der gesetzlichen Regelungen gibt Abb. 8.2 wieder. Mit dem Schreiben des Bundesfinanzministeriums vom 14. November 2014 zu »Grundsätzen zur ordnungsmäßigen Führung und Aufbewahrung von Büchern, Aufzeichnungen und Unterlagen in elektronischer Form sowie zum Datenzugriff (GoBD)« beschreibt die Finanzverwaltung, welche Vorgaben für IT-gestützte Buchführungsprozesse künftig gelten. Dabei nehmen die Anforderungen an die Aufbewahrung einen breiten Raum ein. Die in der GoBD definierten Grundsätze, wie Unveränderbarkeit, Ordnung, Vollständigkeit oder Nachvollziehbarkeit, müssen dabei auch von einem Dokumentenmanagementsystem erfüllt werden. Dabei muss sicher-

Abb. 8.2 Entwicklung der gesetzlichen Regelungen

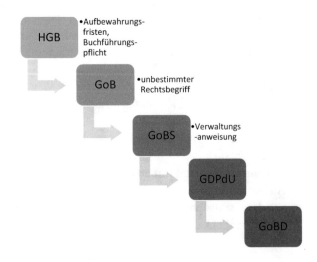

gestellt sein, dass die Wiedergabe bzw. die Daten mit den empfangenen Handels- oder Geschäftsbriefen und den Buchungsbelegen bildlich und mit den anderen Unterlagen inhaltlich übereinstimmen, wenn sie lesbar gemacht werden. Dazu ist weiter sicherzustellen, dass aufbewahrungspflichtige Unterlagen während der Dauer der Aufbewahrungsfrist jederzeit verfügbar sind, unverzüglich lesbar gemacht und maschinell ausgewertet werden können (Bitkom 2015, S. 9).

Die Ablage von Daten und elektronischen Dokumenten in einem üblichen Dateisystem erfüllt die Anforderungen der Unveränderbarkeit nicht, soweit nicht zusätzliche Maßnahmen ergriffen werden, die eine Unveränderbarkeit gewährleisten. An dieser Stelle tritt die Notwendigkeit eines Dokumentenmanagementsystems deutlich zu Tage.

Während die GoBD dezidiert ausführen, welche Anforderungen an IT-gestützte Prozesse zu stellen sind, treffen sie keine Aussage, auf welche Weise das Unternehmen diese erfüllen kann. Der Grund hierfür liegt in der Technikneutralität, die es dem Unternehmen überlässt, die aus seiner Sicht (technisch und betriebswirtschaftlich) sinnvollste Lösung zu implementieren. Durch das Fehlen konkreter technologischer Gestaltungsvorschriften bieten sich vielfältige Möglichkeiten, den geforderten Schutz der Dokumente und der Metadaten gegen unzulässige Manipulation über die Dauer der Aufbewahrungsfristen sicherzustellen.

Die GoBD formulieren allgemeine Anforderungen für den Einsatz steuerrelevanter IT-Systeme (Bitkom 2015, S. 17):

- Grundsatz der Nachvollziehbarkeit und Nachprüfbarkeit,
- Grundsätze der Wahrheit, Klarheit und fortlaufenden Aufzeichnung,

mit den Einzelthemen:

- Vollständigkeit,
- Richtigkeit,
- zeitgerechte Buchungen und Aufzeichnungen,
- Ordnung,
- Unveränderbarkeit.

Ein verlässlicher, geregelter und nachvollziehbarer IT-Betrieb ist die unverzichtbare Grundlage für einen ordnungsmäßigen IT-gestützten Betrieb von Buchführungs- und Aufzeichnungsverfahren. Die entsprechenden Anforderungen lassen sich aus allgemeinen Grundsätzen der IT-Sicherheit und aus der GoBD ableiten. Diese verlangen

- ein internes Kontrollsystem (IKS),
- Datensicherheit,
- eine Unveränderbarkeit und Protokollierung von Änderungen.

Sind die nach § 147 Abs. 1 AO aufbewahrungspflichtigen Unterlagen mit Hilfe eines Da-
tenverarbeitungssystems erstellt worden, hat die Finanzverwaltung im Rahmen einer Au-
ßenprüfung das Recht, Einsicht in die gespeicherten Daten zu nehmen und das IT-System
des Unternehmens zur Prüfung dieser Unterlagen zu nutzen. Werden die Anforderungen
der GoBD nicht erfüllt, drohen den betreffenden Unternehmen Sanktionen in Form von
Bußgeld, Zwangsmitteln oder Schätzungen. Der Zugriff kann in drei Formen erfolgen,
deren Auswahl grundsätzlich der Finanzverwaltung obliegt (Bitkom 2015, S. 59):

- **Z1 unmittelbarer Zugriff**: Vor-Ort-Zugriff mit Unternehmenssoftware. Das Unter-
  nehmen hat dem Prüfer die erforderlichen Hilfsmittel zur Verfügung zu stellen und ihn
  in das System einzuweisen.
- **Z2 mittelbarer Zugriff**: mit der IT vertraute Mitarbeiter zeigen dem Prüfer geforderte
  Daten und exportiert diese auf Wunsch.
- **Z3 Datenträgerüberlassung**: Überlassung von Daten auf Datenträger.

Der Prüfer kann nach pflichtgemäßem Ermessen wählen, welche dieser Zugriffsarten er
anwenden möchte. Dabei ist er nicht auf eine Zugriffsart beschränkt, sondern kann auch
mehrere Möglichkeiten parallel in Anspruch nehmen. So kann er etwa von einem IT-
System maschinell erzeugte Belege direkt einsehen, sich vom Steuerpflichtigen eine Sal-
denliste anfertigen und sich die Buchungen der Umsätze auf einer CD übergeben lassen.
Hierbei ist jedoch der Grundsatz der Verhältnismäßigkeit zu beachten. Selbstverständlich
dürfen Daten auch nach Inkrafttreten des Rechts auf Datenzugriff verschlüsselt werden.
Allerdings darf durch die Verschlüsselung die maschinelle Auswertbarkeit sowie die Les-
barmachung der Daten nicht beeinträchtigt werden.

Die IT-gestützte Buchführung muss von einem sachverständigen Dritten hinsichtlich
ihrer formellen und sachlichen Richtigkeit in angemessener Zeit prüfbar sein. Voraussetzung für die Nachvollziehbarkeit des Verfahrens ist dabei stets eine ordnungsgemäße Verfahrensdokumentation, welche die Beschreibung aller zum Verständnis der Buchführung
erforderlichen Verfahrensbestandteile, Daten und Dokumentbestände enthalten muss (Bitkom 2015, S. 68).

Zur vollständigen Darstellung aller Anforderungen an die elektronische Aufbewahrung
in einem Dokumentenmanagementsystem müssen noch Ausarbeitungen des Instituts der
Wirtschaftsprüfer in die Betrachtung gezogen werden. Diese beschäftigen sich mit so vielfältigen Themen wie der Abschlussprüfung bei Einsatz von Informationstechnologie oder
der Prüfung von Softwareprodukten.

8.3   Revisionssichere Archivierung

Eine Software zur Archivierung von aufbewahrungspflichtigen Unterlagen (nach AO,
HGB und weiteren Vorschriften) wird als „revisionssicher" bezeichnet, wenn sie durch die
Nachvollziehbarkeit der Bearbeitungsschritte und Versionen von Dokumenten die

Umsetzung der GoBD unterstützt. Der Begriff „revisionssicher" bzw. „revisionssichere Archivierung" selbst entstammt nicht den Gesetzestexten, sondern wurde durch die Verbände der Dokumentenmanagement-Branche geprägt. Er beschreibt, dass zur Archivierung ein Verfahren verwendet wird, das dem Prüfer mit ausreichender Glaubwürdigkeit zusichert, dass die verwendeten Systeme und Verfahren den regulatorischen Anforderungen entsprechen.

Eine *revisionssichere Archivierung* beinhaltet den Begriff der *Revisionssicherheit*. Dieser bezieht sich auf die Überprüfbarkeit des eingesetzten Verfahrens und enthält

- den Nachweis einer Verfahrensdokumentation,
- die ordnungsgemäße Nutzung,
- den sicheren Ablauf,
- den sicheren Betrieb
- und die Organisation des Anwenderunternehmens.

„Revisionssicherheit" begrenzt sich also nicht auf die Technik oder eine Software, sondern beinhaltet immer das gesamte Verfahren der Archivierung.

Für Behörden, Unternehmen und Anwender, die digitale Dokumente über lange Zeit unverändert aufbewahren müssen, eignen sich gängige Dateiformate weitverbreiteter Anwendungen nicht. Textverarbeitungsprogramme wie Microsoft Word erzeugen Dateien, die auf verschiedenen Plattformen unterschiedlich aussehen können. Texte und Bilder erscheinen unter Umständen anders als beabsichtigt oder gar nicht. Auch lässt sich nicht abschätzen, wie sich entsprechende Programme in Zukunft entwickeln und ob sich dann ältere Dateien immer noch öffnen und anzeigen lassen – ein untragbares Risiko für die Belange der Langzeitarchivierung (Oettler 2013, S. 6).

Für eine revisionssichere Archivierung ist eine originalgetreue Bildwiedergabe (nach HGB „übereinstimmende Wiedergabe") sicherzustellen. Papier, Mikrofilm und Mikrofiche waren bis zum Ende des 20. Jahrhunderts in Unternehmen und Behörden die einzige Möglichkeit, Dokumente langfristig und reproduzierbar zu archivieren. Der Nachteil dieser analogen Arbeitsweise liegt in der aufwendigen Handhabung: Dokumente lassen sich nur mühsam durchsuchen, man benötigt Fachpersonal, spezielle Lesegeräte für die Filme sowie separate, klimatisierte Räume zum Lagern der Dokumente.

Als digitales Archivformat konnte sich zunächst das Bildformat TIFF in vielen Ländern durchsetzen (Oettler 2013, S. 5). Dieses Format erfüllte alle Anforderungen, da es sich um ein sogenanntes Raster-Format handelt. Dies bedeutet, dass jeder einzelne Bildpunkt gespeichert wird und eine Verfälschung aufgrund des Formats nicht möglich ist. Im Bereich gescannter Dokumente haben sich JPEG-2000-Formate etabliert. Dies gilt insbesondere für Archive und Bibliotheken, aber auch für großformatigen Karten wie im deutschen Kataster- oder Vermessungsbereich. Doch TIFF und JPEG haben Nachteile bei der Verwendung für Dokumente. Zum einen verändern sie das originäre Aussehen der Datei. Betroffen sind Farbinformationen, die bei der Umwandlung in TIFF verlorengehen, während JPEG Abstriche bei der Darstellungsqualität zulässt und große Dateien erzeugt.

Darüber hinaus sind Bildformate nicht volltextrecherchefähig. Der Sinn von Buchstaben geht durch „das Rastern" oder „das Verpixeln" verloren, so dass TIFF zwar die Reproduzierbarkeit der Dokumente langfristig gewährleistet, aber keine Möglichkeit zum Durchsuchen der archivierten Bestände anbietet.

Offen war daher lange die Frage nach Formaten für Schriftstücke. Seit Herbst 2005 existiert mit PDF/A jedoch eine aus PDF 1.4 abgeleitete Variante, die als ISO-Format ISO 19005-1 für die Langzeitarchivierung zugelassen wurde. Der Standard präzisiert im Wesentlichen spezifische Eigenschaften der PDF-Referenz 1.4 und legt fest, ob sie obligatorisch, empfohlen, eingeschränkt oder verboten sind. Die zugrundeliegende Syntax gibt detailliert vor, welche Inhalte erlaubt sind:

- Der eigentliche Inhalt muss in der Datei enthalten sein,
- Fremdabhängigkeiten oder Referenzen in Form von Links auf externen Quellen sind ausgeschlossen,
- die genutzten Schriften müssen komplett eingebunden sein,
- eine Verschlüsselung oder Zugriffsbeschränkungen sind nicht zugelassen,
- es dürfen keine eingebetteten Audio- und Videodaten existieren und
- JavaScript und Aktionen sind nicht erlaubt.

Durch diese und weitere Vorschriften soll die langfristige Lesbarkeit der Dokumente gewährleistet werden, und zwar unabhängig davon, mit welcher Software und auf welchem Betriebssystem die Dokumente ursprünglich erstellt wurden. Neben den Dokumenteninhalten spielen Metadaten eine große Rolle. PDF/A lässt ihre Nutzung als XMP-Format zu und fordert zwingend Angaben wie Ersteller und Erstellungsdatum, so dass wie in einem Papierarchiv Indizes, Dateilisten, Register oder Ordnungskategorien in die Suche eingebunden werden können. Die Metadatenschemata im PDF-Format sind sowohl von Nutzern als auch von Anwendungsprogrammen lesbar. Neben dem Vorteil, das einzige genormte ISO-Dokumentenformat zu sein, zeichnet sich die Größe der PDF-Dokumente durch Kompaktheit aus. PDF/A-Dateien benötigen nur einen Bruchteil des Speicherplatzes der Originaldatei oder einer vergleichbaren TIFF-Datei, ohne an Qualität einzubüßen.

Als „ISO 19005-2" wurde PDF/A-2 im Jahr 2011 veröffentlicht. Diese zweite Version basiert auf der PDF-Version 1.7, die inzwischen selbst als „ISO 32000-1" standardisiert ist. PDF/A-2 erlaubt die Kompression mit JPEG2000, transparente Elemente und PDF-Ebenen. Außerdem wird das Einbetten von OpenType-Fonts ermöglicht und digitale Signaturen werden unterstützt.

Seit Oktober 2012 ist PDF/A-3 verfügbar. In ein PDF/A-3-Dokument lassen sich nicht nur PDF/A-, sondern auch beliebige Dateien einbetten.

Verschiedene Konformitätsstufen spiegeln die Qualität der archivierten Dokumente wider und richten sich nach dem Eingangsmaterial und dem Verwendungszweck (Oettler 2013, S. 8):

- *Stufe A* (Accessible/zugänglich) umfasst sämtliche Anforderungen des Standards inklusive Abbildung der inhaltlichen Struktur und korrekter Lesereihenfolge des Dokumentinhalts. Textinhalte müssen extrahierbar sein und die Struktur muss die natürliche Leseabfolge abbilden. Diese Stufe lässt sich in der Regel nur bei der Konvertierung aus digitalen Ursprungsdokumenten erreichen.
- *Stufe B* (Basic) garantiert eine eindeutige visuelle Reproduzierbarkeit der Inhalte. Sie lässt sich einfacher generieren als Stufe A, gewährleistet aber nicht die vollständige Textextraktion oder -durchsuchbarkeit. Eine problemlose Wiederverwendung des Inhalts ist nur bedingt gegeben. Ein Beispiel hierfür sind gescannte Dokumente.
- *Stufe U* (Unicode) wurde zusammen mit PDF/A-2 eingeführt. Es handelt sich um eine Erweiterung der Konformitätsstufe B dergestalt, dass der gesamte Text im Schriftzeichenstandard Unicode abgebildet ist.

Die wichtigsten Gründe für die Verwendung von PDF/A liegen in folgenden Gesichtspunkten (Oettler 2013, S. 9):

- *Langzeitarchivierung*: All jene Institutionen, die digitale Dokumente langfristig vorhalten müssen, haben mit PDF/A ein von der ISO standardisiertes Format für genau diesen Zweck.
- *Rechtsverbindliche Dokumente*: PDF/A ist für Dokumente und Unterlagen entworfen, die digital signiert werden müssen; denn der Standard erlaubt die Einbettung von elektronischen Signaturen.
- *Plattformunabhängig*: PDF und PDF/A sind plattformunabhängig. Alle Dokumente lassen sich daher zuverlässig für unterschiedliche Hardware und Betriebssysteme bereitstellen.
- *Volltextsuche*: PDF/A hilft, gewünschte Informationen in einem Datenbestand zu finden und zu öffnen. Das ist auch bei gescannten Vorlagen möglich, denn der Standard erlaubt mit der Konformitätsstufe B eine digitale Texterkennung (OCR).

Die Anwendungsgebiete für PDF/A erstrecken sich über einen weiten Bereich:

- *Gescannte Vorlagen für die Archivierung*: PDF/A eignet sich in erster Linie zur Digitalisierung von Akten und Unterlagen, die vormals nur auf Papier existierten. Ein Dokumentenscanner liest die Originale ein und eine dafür geeignete Software wandelt die Daten automatisch in eine durchsuchbare PDF/A-Datei um.
- *Archivmigration*: Für digitale Archive, die noch ein älteres, nicht PDF/A-basiertes Format verwenden, ist eine Migration nach PDF/A möglich. Der Übergang erfolgt in den meisten Fällen automatisiert.
- *Elektronische Dokumentenmappen*: Mit PDF/A-3 lassen sich auch Ursprungsdokumente direkt in ihrem Originalformat in eine PDF/A-Datei einbetten. Damit entfällt die aufwendigere hybride Archivierung, bei der bislang neben dem Archiv-PDF auch zugehörige Dokumente (Excel, Bilddateien, CAD-Konstruktionszeichnungen) im

Ursprungsformat separat zu verwalten waren. Mittels PDF/A-3 liegen alle relevanten Informationen nun in einer einzigen Datei vor.

Um zu prüfen, ob ein vorliegendes PDF-Dokument mit dem Standard PDF/A vereinbar ist, existieren Prüfprogramme. Abweichungen zu gesetzlichen und internen Regelungen werden in Reports zur Weiterbearbeitung aufgelistet. Eine Besonderheit dieser Werkzeuge ist, dass zusätzlich zur PDF/A-Spezifikation weitere Compliance-Vorgaben definiert werden können.

Die Migration von bestehenden Papier- oder elektronischen Archiven in PDF/A-konforme Archive ist von erheblicher praktischer Relevanz. Bevor die transformierten Dokumente vernichtet werden, ist es unerlässlich, gesetzliche Regelungen im Auge zu haben. Eine Übersicht bietet z. B. die folgende Webseite der IHK Berlin: https://www.ihk-berlin.de/blob/bihk24/Service-und-Beratung/recht_und_steuern/downloads/Merkblatt_Aufbewahrungsfristen-data.pdf.

Pauschal ausgedrückt ist jeder Gewerbetreibende dazu verpflichtet, geschäftliche Unterlagen für einen bestimmten Zeitraum aufzuheben. Unterschieden wird dabei in Fristen von sechs und zehn Jahren. Bei den Aufbewahrungsfristen für Unternehmen dienen zwei rechtliche Vorschriften als Grundlage:

- das Steuerrecht und
- das Handelsrecht.

Beim Steuerrecht regelt die Abgabenordnung (AO) die Vorgaben, beim Handelsrecht wird das Handelsgesetzbuch (HGB) herangezogen.

Zehnjährige Aufbewahrungsfrist:

- Buchungsbelege: je nach Geschäftsvorfall betrifft dies folgende Bereiche: Rechnungen, Kontoauszüge, Bewertungsunterlagen, Quittungen, Schecks, Wechsel, Eigenbelege, Saldenlisten, Lohn- und Gehaltsabrechnungen, Kassenberichte, Steuerbescheide, Lieferscheine, Auftragszettel, Vertragsurkunden, Reisekostenabrechnungen und Warenbestandsaufnahmen,
- Eröffnungsbilanzen und (für deren Verständnis erforderliche) Organisationsunterlagen,
- Jahresabschlüsse,
- Handelsbücher und Aufzeichnungen,
- Inventare,
- Lageberichte.

Sechsjährige Aufbewahrungsfrist:

- Handelsbriefe und Geschäftskorrespondenz (sowohl die empfangenen, als auch die vom Unternehmen versandten),
- alle weiteren steuerrelevanten Unterlagen.

8.4   Archivierungsmedien

Die gesetzeskonforme und revisionssichere Langzeitarchivierung von Dokumenten ist ein nicht unerhebliches Problem. Während Papierdokumente auch nach Jahrhunderten noch zugänglich sind, müssen für elektronische Daten spezielle Vorkehrungen getroffen werden, damit sie mindestens nach zehn Jahre noch lesbar sind. Eine Schlüsselrolle spielt die Wahl der Archivierungsmedien. Papier eignet sich hervorragend als Träger für Informationen, die rechtskonform und revisionssicher archiviert werden müssen. Wird es richtig gelagert, kann ein Dokument aus säurefreiem Papier mehrere Hundert Jahre überdauern. Doch mittlerweile liegen immer mehr Daten nur noch in elektronischer Form vor: Steuerdokumente, Verträge, Entwicklungsunterlagen oder Umsatzstatistiken (https://www.computerwoche.de/a/auf-immer-und-ewig-archiviert,2521331).

Bei der Wahl der Archivierungsmedien stehen folgende Fragen im Vordergrund (https://www.bsi.bund.de/DE/Themen/ITGrundschutz/ITGrundschutzKataloge/Inhalt/_content/m/m04/m04169.html):

- Welches Datenvolumen soll archiviert werden?
- Welche Zugriffszeiten sind im Mittel zu erbringen?
- Wie hoch ist die Zahl gleichzeitiger Zugriffe im Mittel?
- Welche Aufbewahrungsfristen sollen durch das Archivmedium abgedeckt werden?
- Sollen Daten „revisionssicher" gespeichert werden?

Wenn Daten zehn Jahre oder länger aufbewahrt werden sollen, spielen die Archivierungsmedien und die entsprechenden Schreib-/Lesesysteme eine zentrale Rolle. Eines der größten Probleme ist die Dauer der Haltbarkeit von Speichermedien wie Magnetbänder, Festplatten, DVDs oder Flash-Speicher. Bei optischen Medien gilt eine Lebensdauer von 10 bis 30 Jahren als realistisch, bei Festplatten sind es etwa 5 Jahre. Magnetbänder können 30 Jahre oder mehr überstehen. Diese unterschiedlichen Lebensdauern bedeuten für den Anwender allerdings, wichtige Daten rechtzeitig auf neue Medien umzukopieren. Als Faustregel gilt, dass dies bei optischen Medien und Bändern alle fünf Jahre erfolgen sollte. Flash-Speicher wie Solid State Drives (SSDs) werden derzeit so gut wie gar nicht als Archivierungsmedien eingesetzt. Welche Medien sich für welche Anforderungen eigenen, zeigt Tab. 8.1.

Zu berücksichtigen ist zudem, wie lange die Hard- und Software zur Verfügung steht, mit der sich archivierte Daten auslesen lassen. Laut dem IT-Grundschutzkatalog (M 4.170) des Bundesamts für Sicherheit in der Informationstechnik (BSI) müssen Dateiformate, die bei der elektronischen Langzeitarchivierung eingesetzt werden, folgende Kriterien erfüllen (https://www.computerwoche.de/a/auf-immer-und-ewig-archiviert,2521331,2):

- Das Datenformat sollte möglichst langfristige Relevanz haben,
- die Dokumentstruktur sollte eindeutig interpretiert werden können,

Tab. 8.1 Medien zur Archivierung

Anforderung	Festplatte	Tape	Optische Medien
für häufige Zugriffe ausgelegt	ja	nein	nein
kurze Zugriffszeiten	ja	nein	je nach Medium
kurze Archivierungsdauer (<1 Jahr)	ja	ja	ja
mittlere Archivierungsdauer (<10 Jahre)	nein	ja	ja
lange Archivierungsdauer (10–20 Jahre)	nein	ja	ja
Auslagerung des Mediums möglich	nein	ja	ja
Daten nicht veränderbar	nein	mit WORM-Tape	mit WORM-Disk

Abb. 8.3 Spannungsfeld langfristige Archivierung (Sedlmayr 2010, S. 5)

- der Dokumentinhalt sollte elektronisch weiterverarbeitet werden können,
- gesetzliche Vorschriften müssen berücksichtigt werden,
- die Grammatik und Semantik des Datenformates sollten ausführlich dokumentiert sein, sodass eine spätere Migration zu anderen Formaten problemlos möglich ist,
- Merkmale des Originaldokuments (elektronisch oder in Papierform) sollen später eindeutig nachweisbar sein, auch wenn das Originaldokument nicht mehr vorhanden ist.

Diese Voraussetzungen erfüllen jedoch nur wenige Dateitypen. Dazu zählen HTML, XML, TIFF, JPEG und PDF/A. Die notwendigen Eigenschaften eines Formates bezüglich der Lesbarkeit, zeigt Abb. 8.3:

8.5   E-Mail-Archivierung

E-Mails sind ein Transportmedium für Informationen. Sie transportieren ebenso wie die klassischen Medien Papier und Sprache geschäftliche Daten, die aus rechtlichen Gesichtspunkten, aber auch aus wirtschaftlichen und Nutzungserwägungen aufbewahrt und verfügbar gehalten werden müssen. Der Inhalt von E-Mails stellt einen Wert für Absender und Empfänger dar. E-Mails dokumentieren Geschäftstätigkeiten und stehen in einem Zusammenhang mit Geschäftspartnern und Geschäftsprozessen. Entscheidend für ihre Ordnung und Zuordnung sind ihr Inhalt und ihre Bedeutung. Durch die separate Speicherung außerhalb der Sachzusammenhänge wird nicht nur das Arbeiten in der digitalen Umwelt schwieriger und unübersichtlicher, sondern es wird auch die Nachweisfähigkeit ökonomischer Sachverhalte stark beeinträchtigt.

Das Wachstum des E-Mail-Verkehrs rührt nicht nur daher, dass immer mehr Post elektronisch verschickt wird, sondern gründet darauf, dass Geschäftsprozesse vollständig digital abgewickelt werden. Die Bearbeitung von Aufträge und Rechnungen generiert oft mehrere E-Mails, die von Mitarbeiter zu Mitarbeiter, zum Kunden oder Geschäftspartner weitergeleitet werden.

Daneben ist die Archivierung digitaler Korrespondenz in vielen Unternehmen zu einem Problem geworden, denn seit den 2002 geltenden Steuerrichtlinien sind steuerrelevante Unterlagen zu archivieren. Für geschäftliche E-Mails muss deshalb sichergestellt sein, dass die Daten mit den empfangenen Handelsbriefen, Buchungsbelegen und anderen Unterlagen inhaltlich übereinstimmen. Ferner müssen sie jederzeit und in einer angemessenen Frist lesbar gemacht werden können und maschinell auswertbar sein. Verschärfend kommt das seit Anfang 2007 geltende „Gesetz über elektronische Handelsregister und Genossenschaftsregister sowie das Unternehmensregister" hinzu, dass E-Mails Geschäftsbriefen gleichgestellt, die als elektronisches Original aufzubewahren sind.

Die Folge dieser Rahmenbedingungen ist, das Unternehmen Kontrollstrukturen einrichten müssen, die nachweisen, wie Informationen entstanden sind und auf welchen Quellen sie beruhen. Damit stellen sich mehrere Fragen:

- Lassen sich E-Mails ohne hohen manuellen Aufwand nach Relevanz für die Geschäftstätigkeit klassifizieren?
- Können diese Informationen in Einklang mit gesetzlichen und unternehmensinternen Richtlinien abgelegt werden?
- Ist jede Information ohne langwierige Suche wieder auffindbar?

Drei Anwendungsszenarien für die E-Mail-Archivierung lassen sich unterscheiden (Zöller & Partner 2012, S. 28):

- *Journalarchivierung*: Alle ein- und ausgehenden E-Mails werden zum frühestmöglichen Zeitpunkt als Kopie in einem gesonderten IT-System angelegt. Die E-Mails werden weiterhin in die Zielpostfächer weitergeleitet, so dass keine Entlastung des Mailsystems stattfindet. Dieses Konzept dient dazu, einen Beweis führen zu können, dass bestimmte E-Mails erhalten oder gesendet wurden.
- *Regelbasierte Archivierung*: Ziel dieses Verfahren ist die Entlastung des Mailsystems. E-Mails und deren Anhänge werden nach definierten Regeln ausgelagert und durch

Links ersetzt. Diese Form der Archivierung beruht nicht auf rechtlichen Gründen, sondern dient allein der Entlastung der Speicher und zugehörigen IT-Systeme.

- *Qualifizierte Ablage*: E-Mails werden häufig in gesonderten Ablagen gespeichert, so dass der Zusammenhang mit anderen Dokumenten wie Rechnungen oder Anträge verlorengeht. Die Folge sind lückenhafte Akten ohne Überblick über den Sachverhalt, so dass die Gefahr von Compliance-Problemen entsteht. Um diesem Problem zu begegnen, eignen sich Dokumentenmanagementsysteme mit ihren virtuellen Akten, die eine kontextgerechte Speicherung erlauben.

Technologien zur E-Mail-Archivierung treten infolge des Szenarios zur qualifizierten Ablage gemeinsam mit Dokumentenmanagementsystemen auf. Zwei Ausprägungen sind zu beobachten:

- *Clientbasierte E-Mail-Archivierung*: Der Anwender besitzt die Möglichkeit, aus seinem Mail-Client eine aufbewahrungspflichtige E-Mail in einer virtuellen Akte abzulegen. Bei diesem Vorgang erfolgen Indizierung und Archivierung synchron. Fehlende Attribute kann der Anwender in einem gesonderten Dialog erfassen. Auch die Variante, dass der Anwender die zu archivierende E-Mail in vorher festgelegte Archivordner verschiebt, ist denkbar. Im Anschluss an eine Archivierung sind mehrere Optionen denkbar:
  - die archivierte E-Mail wird automatisch im Mailsystem gelöscht,
  - die archivierte E-Mail wird durch einen Link ersetzt,
  - die archivierte E-Mail verbleibt im Mailsystem und muss bei Bedarf manuell gelöscht werden.
- *Systembasierte E-Mail-Archivierung*: Im Gegensatz zum obigen Konzept erfolgt die Archivierung automatisch nach fest vorgegebenen Regeln analog zum Anwendungsszenario 2. Die Gründe für dieses Verfahren sind in erster Linie in einer Erfüllung der regulatorischen Anforderungen und der Verringerung der Geschäftsrisiken zu sehen.

Diese Überlegungen zeigen, dass das Management der E-Mail-Flut intelligente Konzepte verlangt. E-Mail ist nur ein Informationstyp unter vielen. Er ist schwach strukturiert, weitgehend unkontrolliert und die ordnungsgemäße Speicherung und Zuordnung ist im starken Maße auch von der Disziplin der Mitarbeiter abhängig.

Im Gegensatz zu Dokumenten sind E-Mails darüber hinaus sehr facettenreich: Spam ist von Nicht-Spam zu unterscheiden, Viren-Mails von harmlosen Nachrichten oder interne Mails von externen. Dies zeigt, dass E-Mail-Lösungen zwar den manuellen Aufwand reduzieren, aber letztlich nicht das kritische Auge des Anwenders vollständig ersetzen können. Ein weiteres Problem entsteht im Zusammenhang mit den Compliance-Anforderungen, wenn Unternehmen Mitarbeitern gestatten, E-Mail-Konten für private Zwecke zu nutzen. Im Sinne des Telekommunikationsgesetzes wird das Unternehmen damit zu einem Service-Provider, das nur mit der ausdrücklichen Einwilligung des Mitarbeiters und unter Berücksichtigung seiner Datenschutzinteressen auf die Inhalte zugreifen kann. Um nicht in jedem Einzelfall das Einverständnis einholen zu müssen, müssen eine entsprechende Betriebsvereinbarung oder eine Regelung im Arbeitsvertrag festgehalten werden. In diesem Zusammenhang entsteht eine weitere Schwierigkeit: Wird eine E-Mail vom Benutzer gelesen und sofort gelöscht, werden die meisten Archivsysteme umgangen. Unkenntnis der Rechtslage führt daher dazu, dass Informationen verändert, gelöscht oder nach eigenen Ordnungsprinzipien abgelegt werden.

8.6 Rechtliche Aspekte elektronischer Archivierung

Jede Aufzeichnung kann mit ausreichender Technik und Fachkenntnissen verändert werden. In diesem Sinne ist jedes Speichermedium manipulierbar, wenn die internen Kontrollen versagen. Unternehmen heben ihre Aufzeichnungen aus einer Vielzahl von Gründen auf: als Gedächtnis des Unternehmens, um den Gesetzen zu entsprechen und um das Unternehmen im Falle einer gerichtlichen Überprüfung vor Ermittlung und Klage zu schützen.

Die elektronische Archivierung muss nach Vorgaben des Gesetzgebers strengen formalen Vorschriften genügen. Der Gesetzgeber nimmt bei seinen Bestimmungen dabei nicht auf bestimmte Technologien Rücksicht, sondern definiert allgemeingültige Vorschriften, die für alle Arten von Ablagen und Archiven Gültigkeit besitzen. Diese Beschränkung auf allgemeingültige Regelungen ist grundsätzlich positiv zu bewerten, da sich Gesetze und Verordnungen nicht in eine Abhängigkeit von Soft- und Hardwaretechnologie begeben. Für den Anwender ergibt sich hieraus jedoch die Notwendigkeit zu prüfen, ob die einzelnen Systeme den Regeln des Gesetzgebers entsprechen. Dazu hat der Verband der Organisations- und Informationssysteme (VOI) 10 Merksätze zur revisionssicheren elektronischen Archivierung formuliert (Schacht und Cybala 2009). Sie bilden den allgemeinen Rahmen der Anforderungen, der für eine konkrete technische Archivierungslösung zu interpretieren und zu detaillieren ist:

1. Jedes Dokument muss nach Maßgabe der rechtlichen und organisationsinternen Anforderungen ordnungsgemäß aufbewahrt werden.
2. Die Archivierung hat vollständig zu erfolgen – kein Dokument darf auf dem Weg ins Archiv oder im Archiv selbst verlorengehen.
3. Jedes Dokument ist zum organisatorisch frühestmöglichen Zeitpunkt zu archivieren.
4. Jedes Dokument muss mit seinem Original übereinstimmen und unveränderbar archiviert werden.
5. Jedes Dokument darf nur von entsprechend berechtigten Benutzern eingesehen werden.
6. Jedes Dokument muss in angemessener Zeit wiedergefunden und reproduziert werden können.
7. Jedes Dokument darf frühestens nach Ablauf seiner Aufbewahrungsfrist vernichtet, das heißt aus dem Archiv gelöscht werden.

8. Jede ändernde Aktion im elektronischen Archivsystem muss für Berechtigte nachvollziehbar protokolliert werden.
9. Das gesamte organisatorische und technische Verfahren der Archivierung kann von einem sachverständigen Dritten jederzeit geprüft werden.
10. Bei allen Migrationen und Änderungen am Archivsystem muss die Einhaltung aller zuvor aufgeführten Grundsätze sichergestellt sein.

Die erste Anforderung betont, dass die konkrete Ausgestaltung einer Archivierungslösung immer auch von den speziellen Gegebenheiten der jeweiligen Einsatzumgebung abhängt. Diese ergeben sich aus gesetzlichen und sonstigen rechtlichen Vorschriften wie auch aus den Regeln, die sich der Betreiber selbst gegeben hat.

Der Grundsatz von Sicherungsmechanismen resultiert aus der Erkenntnis, dass die Innovationszyklen der im Archivsystem eingesetzten Hard- und Software meist sehr viel kürzer sind als die Aufbewahrungszeiten der Dokumente.

Ohne die juristische Absicherung des Vorgehens bei einer elektronischen Archivierung ist diese sinnlos. Wenn Dokumente auf optischen Archivsystemen aufgezeichnet und anschließend in ihrer Papierform vernichtet werden, so muss das Aufzeichnungsverfahren denselben gesetzlichen Anforderungen genügen wie die Ablage auf Mikrofilm oder Papier.

Zu bedenken bleibt: Der Beweischarakter einer Urkunde ist nur über das Original gegeben. Damit dürfen Urkunden zwar digitalisiert, aber nicht vernichtet werden.

▶ Der Begriff Archivierung zeigt unterschiedliche Facetten:

* die Sicherstellung der wirksamen Verhinderung unzulässiger Änderungen und die Sicherung der Reproduktionsfähigkeit aufbewahrungspflichtiger Inhalte über die Dauer einer gesetzlich festgelegten Aufbewahrungsfrist und der Protokollierung zulässiger Änderungen,
* die dauerhafte Aufbewahrung aus kulturhistorischen Gründen,
* das Back-up im Sinne der Auslagerung aus Produktivsystemen zu Zwecken der Systemoptimierung.

Das Dokumentenmanagement hat für die regelkonforme Aufbewahrung das Schlagwort der revisionssicheren Archivierung geprägt. Dieser Anspruch geht mit einer Vielzahl begleitender regulatorischer Anforderungen einher, die bis zu einer Verfahrensdokumentation reichen, die eine sehr individuelle Ausprägung besitzen kann.

8.7   Kontrollfragen

1. Was sind die Herausforderungen der E-Mail-Archivierung?
2. Ist Compliance nur ein Modethema?

3. Ist revisionssichere Archivierung ein Synonym für langfristige Archivierung?
4. Welcher Bezug besteht zwischen Dokumentdeskriptoren und Archivierung?
5. Welche Aspekte bestimmen die Archivierung und die Archivierungsdauer?
6. Welche gesetzlichen Grundlagen beeinflussen die Archivierung?
7. Warum ist nicht jedes Medium zur revisionssicheren Archivierung geeignet?
8. Welche Zugriffsformen unterscheidet die GDPdU?
9. Welche Probleme existieren für die Festlegung eines Attributes „GDPdU-konform"?
10. Welche Aspekte löst ein Archivierungsstandard PDF/A und welche bleiben offen?

Literatur

Brand Th, Groß S, Heinrich W (2015) GoBD Checkliste. Bitkom, Berlin

Kampffmeyer (2012) Records Management: Prinzipien, Standards & Trends. Project Consult, Hamburg

Oettler A (2013) PDF/A kompakt 2.0, PDF Association. Berlin

Schacht J, Cybala M (2009) Kosten senken mit Posteingangsdigitalisierung. VOI Forum, Bonn

Sedlmayr C (2010) Langzeitarchivierung – herausfordernde Prozesse und technische Lösungen, VOI Forum. DMS Expo, Stuttgart

Zöller & Partner (2012) DMS Marktübersicht 2013. Zöller & Partner, Sulzbach

Dokumentenablage

9

Die „Store"-Komponente eines ECM-Systems dient zur temporären Speicherung von Informationen, die nicht archivierungswürdig oder archivierungspflichtig sind. Auch wenn Medien zum Einsatz kommen, die für eine Langzeitarchivierung geeignet sind, ist das „Store-" vom „Preservation"-Konzept durch den Inhalt abgegrenzt. Die in diesem Kapitel vorgestellten Konzepte wie Tired Storage oder Information Lifecycle Management sind bestrebt, Daten schnell und preiswert dauerhaft zu speichern und gegebenenfalls zuverlässig zu reproduzieren. Sie bilden die technische Basis der Datensicherheit, die den Compliance-Gedanken zusätzlich berücksichtigt.

9.1 Informationsvolumen

Die Informationsmenge und die damit verbundenen Dokumente wachsen beständig. Auslöser dieser Zunahme ist vor allem der steigende Anteil der Software am Wirtschaftsgeschehen. Digitale Daten werden kontinuierlich durch die Internetnutzung, durch soziale Medien und durch die verschiedenen Geräte erzeugt, gesammelt, analysiert und gespeichert (siehe Abb. 9.2). Das Internet der Dinge (IoT–Internet of things) bewegt sich dabei erst in der Anfangsphase seiner Entwicklung. Mit einem steigenden Volumen ist daher in absehbarer Zeit zu rechnen. Dementsprechend fallen heutige Prognosen zur zukünftig generierten Datenmenge aus wie in Abb. 9.1 dargestellt.

Unternehmen werden demzufolge zunehmend abhängig vom ständigen und zuverlässigen Zugriff auf diese Informationen. Diese Notwendigkeit bedeutet, Informationen effektiv zu speichern, zu schützen, zu verarbeiten und zu verwalten. Damit kommt der intelligenten Informationsspeicherung eine zentrale Rolle zu (Abb. 9.2).

© Springer Fachmedien Wiesbaden GmbH, ein Teil von Springer Nature 2019
W. Riggert, *ECM – Enterprise Content Management*,
https://doi.org/10.1007/978-3-658-25923-5_9

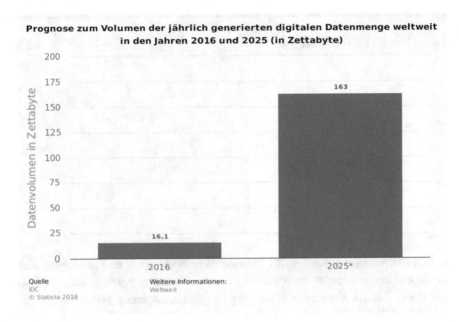

Abb. 9.1 Wachstum der Datenmenge.(Quelle: Statista)

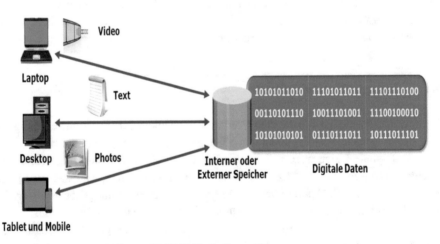

Abb. 9.2 Informationsentstehung (EMC 2012, S. 5)

9.2   HSM, ILM oder Tiered Storage – Idee und Umsetzung

Ausgangspunkt zu Überlegungen der systematischen Ablage von Informationen ist das hierarchische Speichermanagement (HSM). Die Idee dieses Konzeptes besteht darin, Dateien/Informationen, auf welche über längere Zeit nicht zugegriffen wurde, auf ein Speichermedium auszulagern, das auf einer niedrigeren Stufe der Speicherhierarchie steht, das heißt eine größere Zugriffszeit besitzt.

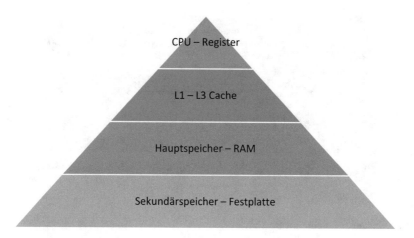

Abb. 9.3 Speicherhierarchie

Die Speicherhierarchie von Rechnersystemen zeigt die in Abb. 9.3 gezeigte Struktur.

Dabei lassen sich zwei gegenläufige Merkmalsentwicklungen feststellen: Von der Spitze der Pyramide zu ihrem Boden wächst das speicherbare Datenvolumen. Während Register nur die Größenordnung von allenfalls KB speichern können, steigt der Umfang über GB im RAM-Bereich zu TB im Festplattenumfeld. Hingegen zeigt die Zugriffszeit ein umgekehrtes Bild. Werden Register in einem Taktzyklus erreicht, so sind für den Cache bereits 20 Zyklen feststellbar, der RAM verlangt 100 Zyklen und die Festplatte dann mit 20.000.000 Zyklen ein Vielfaches aller anderen Medien. Damit wird deutlich, dass Sekundärmedien die denkbar ungünstigste Alternative für einen schnellen Datenzugriff darstellen. Allerdings hat diese technische Sichtweise einen ökonomischen Gegenspieler: die Kosten. Die Kosten der Speicherung eines Bytes pro Festplatte werden laufend geringer, so dass die Pyramide die geringsten Aufwendungen im Sockel zeigt und an der Spitze dementsprechend die teuerste Möglichkeit bereithält. Einen Makel besitzt diese Erkenntnis allerdings: Auf ihre Ausprägung kann in den obersten drei Ebenen kein Einfluss genommen werden, so dass für eine aktive und individuelle Verwaltung der Informationen nur der Bereich der Sekundärspeicher in Frage kommt.

In der Speicherhierarchie der Sekundärspeicher stehen SSDs ganz oben, in der Mitte sind langsamere Plattensysteme positioniert und die Basis bilden Langzeitspeichermedien wie Magnetbänder oder optische Speichermedien wie WORM-Speicher (siehe Abb. 9.4).

Eine andere Klassifikation unterscheidet nach Zugriffszeit:

- Online-Speicher für Daten und Dokumente im direkten Zugriff,
- Nearline-Speicher für Daten und Dokumente auf einem Medium, das sich im Zugriff des Laufwerks befindet, aber erst durch eine Robotik eingelegt werden muss,
- Offline-Speicher für Daten und Dokumente auf einem Medium, das ausgelagert wurde und sich nicht im automatisierten Zugriff eines Systems befindet.

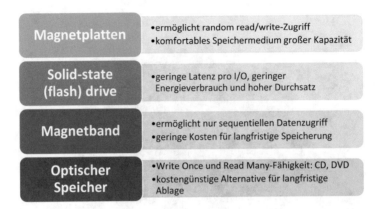

Abb. 9.4 Sekundärspeicher im Überblick

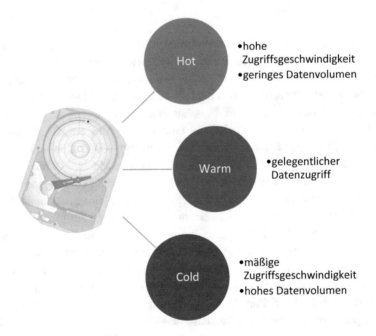

Abb. 9.5 Hot-Cold-Konzept

Das Verschieben der Daten in diesen Kategorien basiert auf Richtlinien, die individuell definiert werden können. Da im Dateisystem bei diesem Konzept nur Links verbleiben, die wenig Speicherplatz benötigen, sind alle Daten weiterhin im Zugriff der Nutzer. Allerdings bleibt zu bedenken, dass das Verschieben auf langsamere Medien die Wiederherstellzeit verlängert.

Eine ähnliche Idee wie das hierarchische Speichermanagement verfolgt der „Hot-Cold-Ansatz" (siehe Abb. 9.5): Dieser wendet sich nicht an die Zeitdimension, sondern berücksichtigt, dass nicht alle Daten die gleiche Bedeutung für das Unternehmen besitzen. Basierend auf dem Kriterium Zugriffshäufigkeit werden Daten in die „Hot-Kategorie" eingeordnet, wenn für sie eine hohe Nutzungshäufigkeit besteht und in die Cold-Kategorie, wenn sie nur sporadisch verwendet werden. Diese Verteilung zeigt wiederum eine Gegenläufigkeit von Zugriffsgeschwindigkeit und Datenvolumen: Mit steigender „Temperaturklassifizierung" wächst der Performanceanspruch, da für die Daten eine schnelle Reaktionszeit erwartet wird. Gegenteilig entwickelt sich das Datenvolumen: Historische Daten beanspruchen einen größeren Speicherbedarf und tolerieren eine längere Zugriffszeit (https://www.emc.com/corporate/glossary/cold-data-storage.htm).

Diese Unterscheidung wird aus mehreren Gründen als sinnvoll angesehen. Mit dem beständigen Wachstum unstrukturierter Daten gehen Anforderungen nach einer strukturierten Ablage dieser Volumina einher. Ziel ist es,

- eine Überlast der primären Speicher zu vermeiden,
- für inaktive Daten eine ökonomische Speicherlösung zu finden,
- die gesamten Speicherkosten zu minimieren,
- das Speichermanagement zu vereinfachen,
- den Compliance-Anforderungen zu genügen.

Während die Idee des hierarchischen Speichermanagements und der Hot-Cold-Ansatz der Speicheroptimierung sich an Merkmalen festmachen, verlangt eine ganzheitliche Umsetzung der bisherigen Erkenntnisse ein durchgängiges Verwaltungskonzept, das mit der Entstehung der Information beginnt und mit ihrer Löschung endet. Das Information Lifecycle Management gibt hierauf die Antwort.

▶ **Information Lifecycle Management** (ILM) befasst sich mit Strategien, Methoden, Prozessen und Anwendungen, um Daten automatisiert entsprechend ihrem Wert und ihrer Nutzung auf den jeweils kostengünstigsten Medien abzulegen, sie zu erschließen und sie langfristig sicher zu archivieren (Born et al. 2004, S. 4).

Als Grundgedanke liegt dem Konzept die Beobachtung zugrunde, dass sich die Bedeutung der meisten Informationen und damit das Zugriffsmuster auf sie im Laufe der Zeit verändern. Diese Idee richtet sich an den Wert der Dokumente, der nur schwer zu ermitteln ist. Die meisten Unternehmen wissen nicht, was es kostet, einen Brief zu erstellen, ein Dokument aufzufinden oder eine E-Mail zu beantworten. Zudem verändert sich der Wert während der Lebensdauer. Ein Dokument, das an seinem Erstelldatum immens wichtig war, weil es fristgebunden ist, verliert über diese Frist hinaus an Bedeutung. Ein anderes Dokument kann erst nach langer Zeit Wichtigkeit erlangen, weil es z. B. in einem Produkthaftungsverfahren aus dem Archiv geholt werden muss. Gesetzliche und andere regulatorische Bestimmungen legen zum Teil fest, in welcher Form und wie lange Informationen gespeichert und auf Anforderung zur Verfügung gestellt werden müssen. Dabei ist sicher, dass der Umfang der ordnungsgemäß zu speichernden Informationen und die Länge der Aufbewahrungsfristen erheblich zunehmen werden. ILM kann umso wirksamer arbeiten, je besser der gesamte Speicherbereich strukturiert ist.

ILM zeigt, dass sich Vorgaben zur Verwaltung der Daten/Dokumente am Wert des Informationsobjektes orientieren können, aber auch an gesetzlichen Rahmenbedingungen, an Aufbewahrungsfristen oder an Zugriffsrechten. Informationsobjekte selbst können Dateien, Verzeichnisse, Datenbanken, Dokumente oder E-Mails sein. Das Information Lifecycle Management als umfassendes Konzept prüft ereignisgesteuert oder zu festen Zeitintervallen, ob sich die Bewertung eines Informationsobjektes geändert hat und Aktionen wie das Verschieben innerhalb der Speicherhierarchie, die Archivierung oder das Löschen notwendig werden. Die zentrale Frage in diesem Kontext bleibt jedoch: Wie wird der Wert eines Informationsobjektes bestimmt?

Der Lifecycle liefert erste Anhaltspunkte (in Anlehnung an: Trivadis: Operatives Data Lifecycle Management), siehe Abb. 9.6 und 9.7.

Weiter lassen sich die Daten/Dokumente nach ihrer Verfügbarkeit für ein Unternehmen klassifizieren (siehe Abb. 9.8).

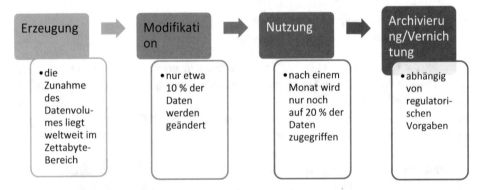

Erzeugung	Modifikation	Nutzung	Archivierung/Vernichtung
• die Zunahme des Datenvolumes liegt weltweit im Zettabyte-Bereich	• nur etwa 10 % der Daten werden geändert	• nach einem Monat wird nur noch auf 20 % der Daten zugegriffen	• abhängig von regulatorischen Vorgaben

Abb. 9.6   Data-Lifecycle

kritische Daten

• Daten, die für Kernprozesse benötigt werden und deren Verlust zu einem operativen Problem führen

Geschäftsdaten

• Daten, die für die Steuerung und Planung relevant sind

sensible Daten

• Daten, die für den operativen Ablauf bedeutsam sind, aber schnell wiederhergestellt werden können

unkritische Daten

• Daten, die mit geringen Kosten wiederhergestellt werden können

Abb. 9.7   Klassifikation der Daten

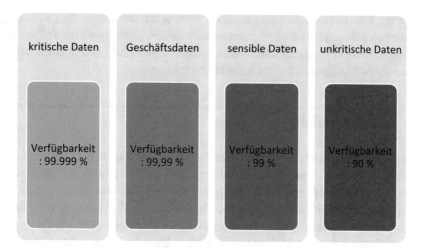

Abb. 9.8 Datenklassifikation und Verfügbarkeit

Die Bewertung bleibt das zentrale Problem des Konzeptes. Häufig dienen die Kosten bei Datenausfall als indirekter Indikator für den Wert. Dieser kann nach Funktionsbereich eines Unternehmens bestimmt werden, so dass die Klassifikation für jede Branche individuell ausfällt.

Mit dieser Systematik existiert ein formaler Rahmen. Die automatische Erschließung der Semantik der Informationsobjekte und daraus folgend die Zuweisung zu den einzelnen Kategorien bleibt aber die Hauptschwierigkeit dieses Konzeptes.

In ein gutes Dokumentenmanagementsystem integriert, wird ILM zu einem leistungsfähigen Merkmal, das die mit dem Dokument gespeicherten Metadaten nutzt. Alle Informationen, nach denen der Benutzer suchen kann, können als Kriterium für die Zuweisung zu einem Speichermedium verwendet werden.

Beispiel

Ein Unternehmen arbeitet häufig mit Videodateien, die wegen ihrer Größe lange Ladezeiten besitzen. Gewünscht ist ein schneller Zugriff auf aktuelle Videos. Eine entsprechende Regel könnte dann lauten, dass alle Dateien mit der Dateiendung .mpg, die nicht älter als zwei Jahre sind, auf einem schnellen Speicher liegen. Sind sie dann älter als zwei Jahre, könnte die Benutzungshäufigkeit entscheiden, ob sie dort verbleiben oder sie in der Hierarchie weiter nach unten auf langsamere Medien wandern.

Das Tired Storage als weiteres Speicherkonzept versucht, die Bewertungsschwierigkeit von ILM zu umgehen und einen Automatismus einzuführen. Mittels statistischer Analysen werden die Zugriffe auf Datenblöcke ermittelt. Basiselement ist damit kein semantisches Element wie ein Dokument oder eine Datei, sondern eine physische IT-Einheit. Die auf diese Weise erkannten Datenblöcke hoher Nutzung werden auf schnellen Speichermedien vorgehalten, während diejenigen mit geringem Nutzungsgrad auf preiswerten Medien liegen. Insbesondere bei stark genutzten Anwendungen entsteht bei diesem Verfahren ein gewisser Aktualisierungsaufwand.

Natürlich kann der Administrator bei allen Formen manuell eingreifen und z. B. große Datenmengen auf ausgewählte Speichermedien verteilen. Dies könnte der Fall sein, wenn das Unternehmen ein Großprojekt erfolgreich abgeschlossen hat und alle damit verbundenen Dateien im Tagesgeschäft nicht mehr benötigt werden.

9.3   Datensicherheit

Während sich die bisher vorgestellten Technologien um den Aspekt der Verwaltung großer Datenbestände ranken, ist die Datensicherung ein Teil der Compliance und dient damit der Erfüllung rechtlicher und regulatorischer Vorgaben. Geschäftsdaten müssen einerseits aufgrund der geltenden Aufbewahrungsfristen gegen Verlust und Zerstörung geschützt werden, zum anderen sind sie in zunehmendem Maße als Vermögensgegenstände des Unternehmens zu interpretieren und bilden damit die Grundlage des Kerngeschäfts. Datenverlust kann mehrere Ursachen haben (Abts und Mülder 2011, S. 486):

- mechanische Zerstörung durch Überalterung (z. B. bei Bändern),
- technisches Versagen (z. B. Festplattencrash),
- Zerstörung durch Umwelteinflüsse (z. B. Feuer und Wasser),
- vorsätzliche Zerstörung (z. B. durch Sabotage),
- versehentliche Vernichtung (z. B. ungewolltes Löschen).

Die Datensicherung als Gebot der Compliance ist für die Existenz eines Unternehmens substanziell.

▶ Datensicherheit beinhaltet die Verhinderung von Datenverlust, -diebstahl und -verfälschung. Durch vorbeugende Maßnahmen soll die jederzeite Vollständigkeit und Korrektheit der Daten gewährleistet werden (Hansen et al. 2015, S. 39).

Die Datensicherung kann auf zwei Wegen durchgeführt werden:

- Beim manuellen Vorgehen übernehmen Mitarbeiter den Vorgang der Datensicherung und die Wahl des Sicherungsmediums,
- bei der automatischen Datensicherung läuft der Prozess ohne menschlichen Eingriff zu bestimmten Zeitpunkten auf zuvor gewählten Medien ab.

Die Datensicherung unterscheidet drei Konzepte (Abts und Mülder 2011, S. 487 und Abb. 9.9):

- Die Komplettsicherung (Voll-Backup) dupliziert sämtliche Daten zu einem definierten Zeitpunkt auf ein neues Speichermedium. Dabei wird häufig das Generationenprinzip „Großvater-Vater-Sohn" angewendet. Dieses besagt, dass die erste Sicherung z. B. an einem Montag erfolgt, die zweite vollständige Sicherung am Dienstag und am Mittwoch

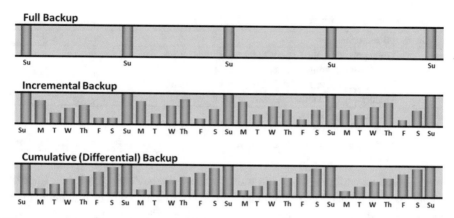

Abb. 9.9 Backup-Formen (EMC 2012, S. 228)

die dritte Sicherung den Zyklus abschließt, der dann am Donnerstag von neuem beginnt. Damit bestehen drei Sicherungsbestände, wobei auf den letzten im Fall einer
Wiederherstellung als erstes zurückgegriffen wird. Diese Vorgehensweise hat jedoch
einen entscheidenden Mangel: Sie ist zeit- und platzintensiv. Daher existieren zwei
weitere Verfahren, die diesen Mangel beheben.

- Die inkrementelle Methode (Incremental Backup) beginnt mit einer Komplettsicherung, nutzt für die Folgesicherungen aber nur noch die Veränderungen gegenüber diesem Stand. Die Ausgangssicherung ist somit die Referenzsicherung. Der Vorteil dieses
Konzeptes ist ersichtlich: Der Zeitaufwand für eine Sicherung verkürzt sich und der
Speicherbedarf sinkt. Allerdings sind in einem Fehlerfall alle Sicherungen zur Herstellung notwendig.
- Auch die differenzielle Sicherung (Differenzial Backup) beginnt mit einer Komplettsicherung als Ausgangspunkt. Bei den darauffolgenden Sicherungen werden jeweils die
Veränderungen gegenüber der Komplettsicherung gespeichert. Im Fall einer Wiederherstellung sind daher nur die letzte Komplettsicherung und das letzte differenzielle
Backup notwendig. Vorteile dieser Methode sind der reduzierte Speicherbedarf gegenüber der Komplettsicherung und die geringere Wiederherstellzeit gegenüber den beiden
anderen Verfahren. Nachteile ergeben sich daraus, dass einmalig geänderte Daten bei
jeder Sicherung erneut bis zum nächsten Voll-Backup gesichert werden.

Zur Sicherstellung der unmittelbaren Funktionsfähigkeit eines Backups existieren

- ein Image-Backup oder physisches Sichern, das den Datenträgerinhalt als Ganzes dupliziert, z. B. eine festplattenweise Sicherung inklusive der Konfigurationsdaten,
- ein File-Backup oder logisches Sichern, das jede Datei eines Datenträgers einzeln speichert.

Band- und Plattentechnologien sind bisher die bevorzugten Varianten (siehe dazu Tab. 9.1),
um den Anforderungen der Datensicherung nachzukommen. Sie sind preiswert und

Tab. 9.1 Backup-Medien im Vergleich

Medium	Beschreibung
Band	transportfähig zur Lagerung an entfernten Orten Lagerung in kontrollierter Umgebung nicht konzipiert zur Erkennung doppelter Inhalte Sicherung der Datenintegrität ist nicht gegeben
Festplatte	beschleunigt Backup-Vorgang nur spezielle Medien sind transportfähig ermöglicht neue technische Merkmale wie Verschlüsselung oder De-Duplikation

können einfach an entfernte Standorte transportiert werden. Zusätzlich haben Kapazität, Leistung und Standardisierung ständig zugenommen. Dennoch gibt es Nachteile, die das Entstehen von Alternativen begünstigen. Dazu gehören die mechanischen Belastungen sowie die fehlende Überprüfung der Korrektheit der gespeicherten Daten. Obwohl diese Argumente vornehmlich für Bandtechnologien gelten, erzeugten sie doch den Wunsch nach Verfahren, die diese Nachteile ausgleichen. Dazu gehören

- vollständige Plattensicherung,
- Snapshots,
- De-Duplizierung,
- Replikation,
- kontinuierliche Datensicherung.

Obwohl die Kosten für das Medium Festplatte gegenüber dem Band bei vergleichbarem Volumen höher liegen, und ihr Energieverbrauch für Betrieb und Kühlung dem ökologischen Gedanken zuwiderläuft, haben sich zwei Technologien etabliert:

- D2D (Disk to Disk) ersetzt die Bandtechnologie vollständig durch Festplatten,
- D2D2T (Disk to Disk to Tape) nutzt Festplatten als Zwischenspeicher bevor in einem weiteren Schritt die Daten auf ein Band ausgelagert werden.

Die notwendigen Steuerungsmechanismen werden durch Software bereitgestellt. Die Nutzung von Platten führt einerseits zu einer Vereinfachung des täglichen Betriebs, andererseits bedeutet sie auch eine Steigerung der Verfügbarkeit. Zudem ist der Platteneinsatz Voraussetzung für die anderen Sicherungskonzepte wie Snapshots und kontinuierliche Datensicherung.

Snapshots bilden eine Technologie auf der Grundlage von Festplatten. Sie erzeugen unmittelbar eine weitere Version eines Dateisystems oder eines Plattenbereiches, indem sie für die modifizierten Datenblöcke eine Kopie anlegen und durch Zeiger auf den aktuellen bzw. den zu dem entsprechenden Zeitpunkt bestehenden Datenbestand verweisen. Da durch Snapshots keine Gesamtkopien erstellt werden, unterscheidet sich diese Form der Datensicherung von den klassischen Verfahren. Die platzsparende Verwendung von Zeigern bedeutet, dass keine Redundanz, aber auch kein Schutz vor Gerätefehlern gegeben ist. Dieser Mangel muss durch andere Maßnahmen wie RAID-Konzepte ausgeglichen werden.

Durch das Verfahren der De-Duplizierung wird der Speicherbedarf verringert. Es beruht auf dem Umstand, dass Informationen in sich einen hohen Redundanzgrad tragen. Diese Feststellung ist vor allem mit der wachsenden Zahl unstrukturierter Dokumente verknüpft, wenn die Benutzer z. B. die gleiche Datei für unterschiedliche Zwecke oder in unterschiedlichen Versionen verwalten. De-Duplizierungsalgorithmen erkennen identische Bitmuster und ersetzen diese durch Zeiger. Analog zu den Kompressionsverfahren ist diese Technologie nicht deterministisch. Die Wirksamkeit hängt neben dem verwendeten Algorithmus stark von dem zugrundeliegenden Schriftgut ab. Leider ist eine hohe Erkennungsrate mit steigendem Rechenaufwand verbunden. Aus dieser Erkenntnis resultieren zwei Konzepte:

- Die Erkennung zeitgleich mit der Datensicherung durchzuführen. Dieses quellbasierte Verfahren reduziert den Speicherbedarf und die Bandbreite, falls ein entfernter Speicherort vorgesehen ist.
- Die Erkennung auf einen späteren Zeitpunkt zu verschieben. Diese zielbasierte Methode führt zu einer Nachbearbeitung des Datenbestandes möglicherweise abseits der Quelle, entlastet aber das Quellsystem vom De-Duplizierungsprozess.

Replikation als Verfahren sichert die Daten von einem primären System auf ein oder mehrere sekundäre Speichermedien, die sich auch an einem entfernten Standort befinden können. Dadurch wird eine kurzfristige Wiederaufnahme des IT-Betriebes im Falle eines Totalausfalls bei minimalem Datenverlust erreicht. Ändernde Datenzugriffe werden im Allgemeinen durch die Replikation aufwändiger. Bei der Master/Slave-Replikation unterscheidet man zwischen Originaldaten und abhängigen Kopien. Bei gleichrangigen Kopien muss zu einer Strategie gegriffen werden, die das Zusammenführen der Datenbestände, das heißt eine Synchronität erreicht. Durch die potenzielle Standortunabhängigkeit der Replikation haben sich zwei Varianten herausgebildet: die lokale und die remote Replikation. Die Eigenschaften beider Typen fasst Tab. 9.2 zusammen.

Die beiden Formen der Remote-Replikation lassen sich folgendermaßen charakterisieren:

- Synchrone Replikation bedeutet, dass eine Änderungsoperation an einem Datenobjekt nur dann erfolgreich abgeschlossen ist, wenn sie auch auf dem Replikat durchgeführt wurde. Zur Umsetzung dieses Gedankens bzw. dieser Anforderung ist ein gesondertes Protokoll notwendig.
- Asynchrone Replikation lässt einen Zeitverzug zwischen der der Bearbeitung der primären Daten und der Replikation zu. Die Daten sind nur zum Zeitpunkt der Replikation identisch.

Ein Katalysator der Replikationsidee findet sich in der Servervirtualisierung. Diese Technologie ist zwar nicht direkt mit der Datensicherung verbunden, ermöglicht aber durch Funktionen wie die Erstellung von Clones eine Verbesserung des Wiederanlaufs im Falle eines Komponentenausfalls.

Tab. 9.2 Replikationstypen (EMC 2012, S. 263 ff.)

Replikationstyp	Beschreibung
lokal	verweist auf eine Replikation am gleichen Ort
	üblicherweise für die Wiederherstellung operativer Daten verwendet
	unterscheidet zwei Formen: komplette Replikation und snapshot-basierte Replikation
remote	verweist auf Replikationen an entfernten Orten
	verbessert das Risiko regionaler Ausfälle
	unterstützt eine Replikation in die Cloud
	unterscheidet zwei Formen: asynchron und synchron

Eine weitere Methode bietet die Continuous Data Protection (CDP). Durch eine fortlaufende Aufzeichnung der Modifikationen des Datenbestandes ist eine Wiederherstellung zu jedem Zeitpunkt der Vergangenheit möglich. Hierin liegt ein wesentlicher Vorteil gegenüber den traditionellen Methoden, die eine Wiederherstellung nur zu festen Zeitpunkten erlauben und damit gegebenenfalls die Nachbearbeitung einer großen Zeitspanne erfordern. CDP versucht, eine Annäherung an den Fehlerzeitpunkt herzustellen. Dabei müssen aber nicht nur die Veränderungen berücksichtigt, sondern auch Metadaten wie Datenblöcke, Zeitstempel etc. gespeichert werden. Diese Notwendigkeit bläht den Speicherbedarf auf. Hinzu kommt, dass die Wiederherstellung der Daten ein wesentlich komplexerer Prozess ist als im traditionellen Vorgehen. Eine weitere Herausforderung besteht in der Sicherung der Konsistenz. Während bei anderen Prozeduren die Anwendung angehalten wird, um eine Kopie zu erstellen, ist dies im CDP-Fall nicht gegeben. Für die Wiederherstellung durch CDP muss ein zusätzlicher Prozess durch die Anwendung erfolgen. Deutlich wird dies im Falle von Datenbanken, deren konsistenter Zustand nach dem ACID-Prinzip den erfolgreichen Abschluss von Transaktionen verlangt. Dementsprechend lassen sich zwei Lösungen unterscheiden:

- Die Semantik der Anwendung wird nicht beachtet. Diese Methoden halten die Anwendung kurz an und markieren den Zeitpunkt.
- Der Semantik wird durch eine Integration in die Anwendung Folge geleistet.

Ein Kompromiss der kontinuierlichen Aufzeichnung besteht darin, die Wiederherstellungszeitpunkte automatisch auf Zeitabschnitte wie pro Tag, pro Woche oder pro Monat zu verlegen. Dadurch reduziert sich naturgemäß auch die erforderliche Speicherkapazität.

9.4   Fazit

Gemäß der Definition besteht das ILM-Modell aus mehreren funktionalen Komponenten: Erstablage der Informationen, Datensicherung, Replikation, Archivierung sowie Verlagerung und Löschung von Informationsobjekten. Ferner wird deutlich, dass es wichtig ist, die gespeicherten Dokumente zu klassifizieren und zu kategorisieren, denn nur auf diese Weise ist es möglich, den Wert der Dokumente an einzelne Klassen zu binden. Datensicherheit umfasst zudem zusätzliche organisatorische Planungen:

- Ein Medium allein ist nicht sicher genug. Daher sollten mehrere Kopien existieren und in regelmäßigen Abständen deren Lesbarkeit geprüft werden,
- eine sichere Auslagerung vermindert das Risiko, im Fehlerfall über keine Kopie zu verfügen,
- Sicherungen sollten eindeutig identifizierbar sein, um keine Zweifel hinsichtlich der Reihenfolge von Backups aufkommen zu lassen.

Ausdruck dieser Überlegungen ist die 3-2-1-Regel (https://www.storage-insider.de/was-ist-die-3-2-1-Regel-a-782641/). Damit im Fehlerfall keine Daten verlorengehen, sollten mindestens drei Kopien von den Daten erstellt werden. Dabei sollten die Originale einmal gespeichert sein und von diesen zusätzlichen Backups angefertigt werden. Da verschiedene Speichertechnologien und Medientypen unterschiedliche Fehleranfälligkeiten aufweisen und sich daraus variierende Ausfallwahrscheinlichkeiten ergeben, sollten Kopien auf unterschiedlichen Speichern aufbewahrt werden. Weiterhin gilt: Befinden sich alle Daten am gleichen Standort und sind sie physisch nicht voneinander getrennt, besteht im Katastrophenfall eine hohe Wahrscheinlichkeit für einen Totalverlust. Auf Grund dieser Einsicht ist die externe Aufbewahrung mindestens eines Backups sinnvoll. Der Kern der 3-2-1-Regel lässt sich damit plakativ auf die Formel bringen: drei Datenkopien, zwei Medien, ein externes Backup.

9.5   Kontrollfragen

1. Beschreiben Sie die Speicherhierarchie. Welche beiden Merkmale verhalten sich gegenläufig?
2. Welche Vor- und Nachteile besitzen Magnetbänder?
3. Skizzieren Sie die Formen der Replikation.
4. Was verbirgt sich hinter dem Akronym D2D2T?
5. Welche Faktoren beeinflussen die De-Duplizierung?
6. Beurteilen Sie das Hot-Cold-Konzept.
7. Was versteht man unter einem differenziellen Backup?
8. Definieren Sie den Begriff Information Lifecycle Management.
9. Was beschreibt die 3-2-1-Regel?
10. Grenzen Sie Datenschutz von Datensicherheit ab.

Literatur

Abts D, Mülder W (2011) Grundkurs Wirtschaftsinformatik, 7. Aufl. Vieweg+Teubner, Wiesbaden
Born S, Ehmann S, Hintemann R, Kastenmüller S, Schaupp D, Stahl H-W (2004) Leitfaden Information Lifecycle Management. Bitkom, Berlin
EMC (2012) Information storage and management. Wiley, New york
Hansen H, Mendling J, Neuman G (2015) Wirtschaftsinformatik, 11. Aufl. de Gruyter, Berlin/München/Boston

Fazit

10

Big Data, Collaboration, Cloud-Computing und Künstliche Intelligenz KI/Machine Learning sind digitale Technologien, die für Unternehmen im rasanten Tempo relevant werden. Stärker denn je muss sich die Unternehmensführung mit einem Wandel der Lebens- und Arbeitswelt auseinandersetzen und neue Aufgaben in die Geschäftsstrategie integrieren. Die Einbindung neuer Technologien dient dabei vor allem dem Ziel, das Informationsmanagement effizienter und effektiver zu machen. Denn Digitalisierung bedeutet immer auch eine Beschleunigung der internen und externen Kommunikation und ein Überdenken der Abwicklung der Geschäftsprozesse hinsichtlich ihrer zeitlichen Dimension. Das Ziel bleibt klar: Eine Erhöhung der Mitarbeiterproduktivität und eine verbesserte Wertschöpfung genießen oberste Priorität.

Auch wenn der praktische Einsatz noch auf sich warten lässt, bieten KI und Deep Learning-Konzepte schon jetzt für die Verarbeitung von Big Data im ECM-Umfeld großes Potenzial. Der Klassiker der Rechnungseingangsbearbeitung bietet für die kurzfristige Analyse von Informationen eine erste Grundlage. Hier können Daten geprüft oder automatisch klassifiziert werden. Die Qualität der Prozesse steigt in einem Maße, das so manuell in dem Umfang nicht leistbar wäre.

Einen weiteren Trend bietet der Kollaborationsaspekt. Die inhaltsbezogene Kommunikation der Anwender entlang der Prozesskette trägt zur Flexibilisierung und Beschleunigung der Abläufe bei. Durch den Austausch und das Teilen von Dokumenten wird die Abstimmung in der Gruppe erleichtert, so dass die Produktivität steigt.

Die Unabhängigkeit der Datennutzung von Zeit und Raum bedeutet für die Konzeption der Arbeitsprozesse und die Organisation Herausforderung und Quantensprung zugleich. Die Verlagerung von Anwendungen und Daten in die Cloud und die verstärkte Nutzung mobiler Endgeräte sind für diesen Wandel das Synonym und stehen für ein vollständig verändertes Nutzerverhalten. Diese Rahmenbedingungen müssen auch durch Anwendungen wie ECM antizipiert werden.

© Springer Fachmedien Wiesbaden GmbH, ein Teil von Springer Nature 2019
W. Riggert, *ECM – Enterprise Content Management*,
https://doi.org/10.1007/978-3-658-25923-5_10

Begleitet werden diese Kernaspekte immer durch Überlegungen zur IT-Security. Dieses Thema gewinnt losgelöst von der konkreten Anwendung zunehmend an Bedeutung. Gepaart mit einer verstärkten Entwicklung zum E-Government mit neuen Gesetzesinitiativen wie dem Online-Zugangsgesetz ist Sicherheit ein wichtiger Faktor für eine zuverlässige IT-Umgebung.

Dienstleistungen rund um das Thema Dokumentenmanagement werden von zwei auf dieses Thema spezialisierte Unternehmensberatungen angeboten:

- Project Consult
- Zöller&Partner

Der Markt für Dokumentenmanagementsoftware im internationalen Rahmen wird dominiert von einigen wenigen Unternehmen:

- IBM/Filenet
- OpenText
- Alfresco

Der deutsche Markt wird von mittelständischen Unternehmen geprägt. Dazu zählen:

- SER
- ELO Office
- Docuware
- Enaio/Optimal Systems

Unabhängige Informationen/Leitfäden und Vergleiche der Produkte bieten drei Verbände/Organisationen:

- Bitkom
- BARC
- VOI

Auch wenn das Thema Dokumentenmanagement selbst nicht im Fokus steht, ist ersichtlich, dass der Markt produktmäßig und informationstechnisch gut erschlossen ist.

© Springer Fachmedien Wiesbaden GmbH, ein Teil von Springer Nature 2019   149
W. Riggert, *ECM – Enterprise Content Management*,
https://doi.org/10.1007/978-3-658-25923-5_11

Literatur

Kampffmeyer U (2007) E-Mail-Management. White Paper IBM, Hamburg

© Springer Fachmedien Wiesbaden GmbH, ein Teil von Springer Nature 2019
W. Riggert, *ECM – Enterprise Content Management*,
https://doi.org/10.1007/978-3-658-25923-5

Stichwortverzeichnis

© Springer Fachmedien Wiesbaden GmbH, ein Teil von Springer Nature 2019   153
W. Riggert, *ECM – Enterprise Content Management*,
https://doi.org/10.1007/978-3-658-25923-5

Printed in the United States
By Bookmasters